大道碳中和

实现绿色低碳转型

贡献中国智慧

（院士篇）

本社·大道碳中和项目组 编

中国建材工业出版社

图书在版编目（CIP）数据

实现绿色低碳转型　贡献中国智慧. 院士篇 / 大道碳中和项目组编. -- 北京：中国建材工业出版社，2023.8

ISBN 978-7-5160-3690-7

Ⅰ.①实… Ⅱ.①大… Ⅲ.①绿色经济－低碳经济－经济发展－研究－中国 Ⅳ.①F124.5

中国版本图书馆CIP数据核字（2023）第006365号

实现绿色低碳转型　贡献中国智慧（院士篇）
SHIXIAN LÜSE DITAN ZHUANXING　GONGXIAN ZHONGGUO ZHIHUI（YUANSHIPIAN）

本社・大道碳中和项目组　编

出版发行：中国建材工业出版社
地　　址：北京市海淀区三里河路11号
邮　　编：100831
经　　销：全国各地新华书店
印　　刷：北京印刷集团有限责任公司
开　　本：710mm×1000mm　1/16
印　　张：9.5
字　　数：240千字
版　　次：2023年8月第1版
印　　次：2023年8月第1次
定　　价：80.00元

本社网址：www. jccbs. com，微信公众号：zgjcgycbs

“大道碳中和”融合发展项目

合作单位

中国建筑材料科学研究总院有限公司
中国水泥协会
中国建筑玻璃与工业玻璃协会
中国石材协会
中国砂石协会
中国循环经济协会
中国复合材料工业协会
中国绝热节能材料协会
中国合成树脂协会
中国城市轨道交通协会
中国砖瓦工业协会
中国建材机械工业协会
中国矿业大学（北京）混凝土与环境材料研究院
北京市建设监理协会
北京土木建筑学会
北京市建材计量协会
北京工程管理科学学会
北京国建联信认证中心有限公司
北京建知建筑技术研究院有限公司

出版者的话

习近平主席在第七十五届联合国大会一般性辩论上的讲话中指出，我国力争2030年前二氧化碳排放达到峰值，努力争取2060年前实现碳中和。随后，在党的十九届五中全会、中央经济工作会议、全国两会以及中央财经委员会第九次会议等一系列重要会议上，党中央对碳达峰碳中和工作做出部署，明确基本思路和主要举措。

党中央的决策部署为推动气候环境治理和可持续发展擘画宏伟蓝图、指明道路方向，彰显了我国坚持绿色低碳发展的战略定力和积极应对气候变化、推动构建人类命运共同体的大国担当。

“十四五”时期，我国生态文明建设进入以降碳为重点战略方向、推动减污降碳协同增效、促进经济社会发展全面绿色转型、实现生态环境质量改善由量变到质变的关键时期，也是碳达峰的窗口期。产业结构偏重、能源效率偏低是我国实现碳达峰、碳中和的难点所在。破除绿色低碳转型发展存在的障碍和瓶颈制约，关键是要科学合理地评估不同产业的发展实际和未来趋势，做好节能减碳共性关键技术研发、激活壮大节能减碳服务市场、加大政策协同支持，分领域、分行业推进节能减碳进程。在这一时期，就要处理好发展与减排、整体与局部、短期与中期长期的关系，要认真研究如何更好发挥科技在碳达峰碳中和进程中的战略支撑作用，强化绿色技术攻关和应用，促进“产学研金介”深度融合、协同高效发展。

扎实推进各领域低碳转型发展，不仅是我国实现“双碳”计划愿景的重要组成部分，也是满足人们对于以高质量为本质的美好生活追求的必需。减碳降碳、碳达峰碳中和，是一个系统工程，也是一个需要久久为功的长期工程。

为实现国家“双碳”战略目标，更好助力经济社会发展建立在资源高效利用和绿色低碳发展的基础之上，积极回应社会关切，更好履行社会责任，我社特别策划“大道碳中和”融合发展项目，为行业创建一个新型的线上线下、纸媒网媒一体化的传播交流平台，同时构建一个新型的融媒体、融产业、融创新的三融生态。“大道碳中和”融合发展项目于 2021 年正式立项，我们立志用 39 年做好这一件事情，这 39 年是我们举国上下风雨兼程走在碳中和大道上的39年，也是我们作为专业出版机构服务国家战略、体现担当作为的39年。

《实现绿色低碳转型　贡献中国智慧（院士篇）》是“大道碳中和”融合发展项目的重要出版物之一。我们邀请了部分中国科学院院士、中国工程院院士从各产业角度、层面撰写探讨实现“双碳”目标的方法和路径，同时对如何实现碳达峰碳中和进行预判分析和指引，以期有效助推各产业领域实现低碳转型高质量发展。

感谢各位院士对“大道碳中和”融合发展项目及本书的支持和贡献。让我们携起手来，为实现我国的“双碳”目标、科技强国梦想和美好生活新需求做出我们应有的贡献，凸显我们更大的社会责任。

本社大道碳中和项目组

2023年7月

目录

“双碳”目标和工程科技的使命
——九点认识和八个抓手

中国工程院院士　杜祥琬

2030年前实现碳达峰，2060年前实现碳中和，是党中央基于我国实现可持续发展的内在要求和推动构建人类命运共同体的责任担当作出的重大战略决策，是一场广泛而深刻的经济社会系统性变革，需要全社会付出艰苦的努力。工程科技与人类经济社会发展联系最紧密、作用最直接、效果最明显，对推动人类进步起着至关重要的作用。实现“双碳”目标，工程科技界使命在身。

一、对“双碳”目标的九点认识

第一，“双碳”目标意义重大，引领发展中的我国有步骤地及时实施低碳转型，以低碳创新推动可持续发展，加强生态文明建设，推动减污降碳协同增效，使生态环境的改善由量变走向质变、实现高质量发展，社会文明形态将逐步由工业文明步入生态文明。

第二，“双碳”目标倒逼产业结构调整，及时抑制发展“双高”产业的冲动，推动战略性新兴产业、高技术产业、现代服务业，推动电力、工业、交通、建筑各行业的技术进步、工艺创新、节能减排，拉动巨量的绿色金融投资，逐步淘汰落后产能，提高先进产能占比，优化产业空间布局，带来新的经济增长点和新的就业机会，壮大绿色低碳产业，支撑高质量发展。

第三，“双碳”目标既体现了应对气候变化的“共区原则”又基于我国现实和发展阶段的原则，彰显了一个负责任大国应对气候变化的积极态度。目前全球发达国家已实现碳达峰，做出碳中和承诺的国家覆盖了全球 65% 以上二氧化碳排放量，占世界经济规模的 70% 以上，发达国家的普遍时间点是 2050 年（或更早）。从碳达峰走向碳中和，发达国家一般要用 45 ~ 70 年，我国仅预留了 30 年时间，困难更大，富有挑战性，但也是一个新型发展的机遇。

第四，认识“双碳”目标的规律性。各国发展的能源经济学数据表明：各发达国家在走向现代化的过程中，随着产业结构调整和能效提高，都会出现一个经济增长与碳排放量脱钩的拐点，即经济继续增长，而碳排放量却不再增加，这就是碳达峰。所以，碳达峰是国家进步的一个标志。

而碳中和则是从应对气候变化和人类可持续发展提出的今后几十年全球的一个发展目标。碳达峰后，随着能源结构的低碳化和技术进步，随着生产方式和生活方式的改进，通过二氧化碳等温室气体排放绝对量的减少，使减排后的剩余排放量与人类活动增加的碳汇及碳吸收、利用量相平衡，这就是碳中和。

第五，“双碳”目标是能源革命的两个里程碑，将大幅度推动节能和提高能效，逐步优化产业结构和能源结构，构建绿色、低碳、安全、高效的能源体系。2019 年我国煤炭消费占能源消费总量比例为 57.7%，在煤炭消耗量还比较大的阶段，实施低碳转型可使我国在能效方面获益更多。低碳并不是减少能源供应和需求，也不是减缓经济发展，能源供应和需求还会有合理增长，而且是以更绿色和高效的能源保障供需安全和环境安全，实现公平、公正的经济转型和能源转型，能源安全保障与低碳转型并行不悖。

第六，实现“双碳”目标需要重新认识我国的能源资源禀赋，这是一个影响我国能源政策、能源战略的重大问题。长期以来的“富煤”“缺油”“少气”不能准确描述我国能源资源禀赋，实际上，丰富的非化石能源（特别是可再生能源）资源是我国能源资源禀赋的重要组成部分，我国已开发的可再生能源不到技术可开发资源量的十分之一，能源低碳转型的资源基础是丰厚的。重新认识我国的能源资源禀赋，是正确认识本国国情的要素。对于确保国家长远的能源安全、引导能源转型具有方向性、战略性的意义。

第七，我国中东部的能源（电力）可以按“身边取和远方来”相结合、“分布式与集中式”相结合的新思路发展，并强化“身边取”和“分布式”，提高中东部地区能源自给率。中东部地区有丰富的可再生能源资源，不同专家组定量的计算表明：电从“身边取”更加经济和安全，自产直消、“寓电于民”，与储能技术相结合，不仅有助于“源网荷储一体化”的局域电网、微网和虚拟电厂的批量生长，培育大批量的“产消者”，增加当地的能源自给率、独立性、安全性，而且可减缓西电东送和北煤南运的压力。“身边取”不够的由“远方来”补充，这对我国能源结构低碳化、空间格局的趋于平衡、城乡一体化的能源基础设施升级都是有利的。

第八，实现“双碳”目标需要克服巨大困难。困难可以归纳为：产业偏重、能源偏煤、效率偏低、对高碳发展路径依赖惯性大，克服这些困难恰恰是补我国发展的短板，落实新理念，实现新发展。“双碳”目标的实现呼唤高质量技术创新，能源工程科技的蓬勃发展将提供强力支撑。

第九，实现“双碳”目标是复杂的系统工程，是长达几十年的一个科学的转型过程。政策性很强，需要把握好节奏，积极而稳妥，既要防止“一刀切”简单化，又要防止转型不力带来落后和无效投资，把好事办好，深刻推动经济社会的变革和进步。

需要着重认识到，碳达峰是高质量经济发展同时的达峰，是产业结构优化和技术进步导致碳强度逐步降低实现的达峰，不是攀高峰、更不是冲高峰，是瞄准碳中和的达峰。2030 年前碳达峰，要和国家宣布的 2030 年我国碳排放强度将比 2005 年下降 65% 以上，非化石能源占一次能源消费比例达 25% 左右等目标统一理解。在确保经济高质量发展的同时，峰值应尽可能低，有条件的地区率先达峰，为下一步实现碳中和打下基础，减少实现碳中和的代价。

碳中和是我国经济社会发展的新引擎，是要开创一条兼具成本效益、经济效益和社会效益的路径，是与实现国家第二个百年目标同步的，经济社会低碳转型、深刻进步的里程碑。在实现碳达峰的过程中要尽力做好实现碳中和的顶层设计和路线图。

二、实现“双碳”目标：工程科技八个抓手

第一，“能源减碳”与“蓝天保卫战”协同推进。虽然温室气体排放和污染排放是两个不同的概念，但在我国以化石能源为主的能源结构下，它们基本同根、同源，走向绿色和走向低碳采取的实际行动是高度一致的。随着碳达峰和进一步降碳，化石能源将逐步减量，空气质量的特征量 $PM_{2.5}$ 将逐渐下降，首先达到国家标准 35μg/m^3，进一步降到 WHO 建议的国际标准 5μg/m^3 以下。这个指标，美丽中国和生态文明建设不可少。因此，要将碳排放的监测、报告、计算、标准体系纳入大气质量监测，抓实减污降碳协同效应。

第二，节能、提效是实现“双碳”目标的战略之首。节能提效是降碳的首要举措，控制高碳化石能源总量是重点。首先，产业结构调整，高耗能产业占比过大，传

统高耗能产业已进入总量达峰和下降期，抑制发展高耗能产业的冲动是当务之急。其次，管理政策节能、技术进步节能、文化理念节能等潜力也不小。现代化美丽中国必须是节能的国家、高能效的国家。

近年来，我国节能成效很大，但 2019 年我国能源强度仍是世界平均强度的 1.5 倍，远高于美、英、法、德、日等发达国家，是经济合作与发展组织（OECD）国家的 2.7 倍，在当前消费水平和化石能源为主的结构下，如果将 1.5 倍进步到 1.0 倍，意味着同样的 GDP 可以少用十几亿吨标准煤，在当前的消费水平下能耗降低 1% 就减少 0.5 亿吨的标准煤，减少 1 亿多吨的二氧化碳排放。下面每条措施均可节约 1 亿吨以上标准煤，如煤电发电标煤耗量降至 289g/（kW · h）[目前为 307g/（kW · h）]；燃煤工业锅炉采用高效、低排放的煤粉炉，热效率可由 65% 提升至 90%；钢铁、建材、化工等单位产品煤耗达到国际先进水平；居民和服务业燃煤锅炉采用热效率 70% 以上的新型炉灶等。

第三，能源电力行业是非常重要的领域，化石能源与非化石能源协调互补，支持能源结构优化。煤炭目前仍是我国能源供应的基础性能源，在推动煤电高效、洁净化利用、热电联产、生物质掺烧的同时，将稳步减少煤电；同时有序安排煤电机组的灵活性改造，参与深度调峰，确保机组安全运行，提升电力系统的灵活性；对其调峰辅助服务应有补偿政策，体现煤电的“供电价值”和“灵活性价值”。

加强油、气的勘探、储备和高效利用。天然气是相对低碳的化石能源，是重要的过渡性能源。大力发展非化石能源，可再生能源可以供电力、供绿氢、供热（冷），包括风、光、水、生物质、地热、海洋能等。发展智能电网、储能、分布式、微网，提升配电网的服务水平。多能互补、源网荷储相结合，构建“新能源占比逐渐提高的新型电力系统”。在安全的前提下，积极有序地发展核电，充分发挥稳定基荷的作用，作出新贡献；2030 年前基本全部实现清洁供暖（地热、工业余热等）替代散烧煤。

第四，交通行业减排。基本思路是以电代油，以氢代油，实质上是以可再生零碳燃料替代石油。大力发展公共交通，切实提倡自行车等绿色出行。公路、铁路交通走电气化之路，培育电动车和氢燃料电池车，实施道路运输车辆达标车型制度，发展交通设施与可再生能源结合。不易电动的航空动力，可以由生物航空燃油和合成航空燃油及氨代替石油。逐步建成美丽中国脱碳的交通能源体系。

第五，工业减排。工业耗能占到全社会能耗的60%，实现“双碳”目标，需要工业部门尽早碳达峰和深度减排。通过产业结构调整，继续推进工业节能，抑制发展“双高”产业的冲动，同时，大幅度提高电力化的水平。在轻工业方面可以发展热泵、电加热来取代锅炉。技术进步可带来明显的减排效益，以钢铁行业为例，电炉炼铁技术的碳强度远低于高炉生产技术，长流程进步到短流程可大大降低碳排放；再进一步，氢还原炉炼铁将成为绿色炼铁的主流，将带来行业颠覆性转型和产业重新布局。冶金可以从煤炭时代走向绿氢冶金时代，需要工程科技的进一步努力。国家需要的高耗能产业，可以建在西部，利用西部的可再生能源，也有利于发展西部经济。

第六，建筑减排。主要包括建造和运行，关键是电气化，供暖、制冷、照明、烹饪、家用电器等均可电气化，电则主要来自可再生能源和工业余热。据报道北方工商业余热大于供热的需求，但发展得不够。数字化、智能化的应用，智能家居、智能家用电器的普及会加速建筑业的脱碳。推行超低能耗建筑和产能建筑，比如 BIPV（与建筑结合的光伏），“能光伏处皆光伏”，电力自发自用潜力巨大，“能源产消一体化”国内外已有成功案例。建筑围护结构的改进不仅能大幅度节能，还能增加居民的幸福感。同时，推动光储直柔新型配电系统，也是一个方向。美丽中国将拥有一大批能源“产消者”，不仅改变和优化能源结构，还将培育新的能源业态和格局。

第七，“循环经济—固废资源化利用”，把废弃物分类资源利用的程度看作现代化的一个必备标志，由“无废城市”的试点走向“无废社会”。减少简单填埋，高比例资源化，就会减少填埋垃圾产生的温室气体，比如甲烷，垃圾焚烧发电或者做沼气，能增加可再生能源电力或生物质气；固体废弃物中的再生资源，比如金属（包括黑色金属和有色金属）的利用，可以大幅降低冶金的煤炭消耗；能源转型中产生的新型固废，如光伏电池、新能源车电池、风机等到期后，不能变成垃圾，要作好循环利用，都将为“双碳”目标作贡献。

第八，发展碳汇。目前我国生态系统的碳汇能力大约为每年 12 亿吨二氧化碳，我们国家也宣布了森林蓄积量 2030 年将比 2005 年增加 60 亿立方米，碳汇还有增长的空间。同时，各种 CCUS（碳捕获、利用与封存）等碳移除和碳循环技术也将为实现碳中和目标作出贡献，这方面的思想和技术很多，还有待努力实践，验证其经济性和安全性。

以上各项路径的实施，将带动一系列的技术进步：风、光等各种可再生能源的装备制造和循环再利用技术；高可靠性、智能化、灵活性的电网技术；微电网技术；VPP（虚拟电厂）技术；低成本、高可靠性的储能技术；生物质能商用化技术（气、固、液、电各种态）；先进可再生能源电解水制绿氢技术；地热利用技术；工业余热梯级利用技术；先进核电及受控核聚变技术；废弃物能源化、资源化利用技术；CCUS 技术；“液体阳光”制甲醇及其他 CCU（碳捕获与利用）技术；黑色及有色金属的氢基冶炼技术；氢燃料电池技术；空气源、地源热泵等清洁供暖技术；信息技术、数字技术与能源技术的结合；相应的材料科学创新；绿色化工技术；低碳建材；一体化的新型建筑配电系统；数据中心的节能嬗变技术；多能协调互补效率提升技术，这些新技术将带来新工业、新能源、新经济。

三、结语

“双碳”目标是完整准确全面贯彻新发展理念的体现，是基于我国国情和对人类文明进程新的觉醒的目标，事关中华民族永续发展和构建人类命运共同体。实现“双碳”目标呼唤深度的体制管理、科技创新，金融支持和全社会参与，不仅有路径、可操作，而且将带动一系列技术进步，带来新投资、新产业、新交通、新建筑、新能源以及新的发展方式，深刻推动经济和社会进步及生态文明建设，实现经济、能源、环境、气候共赢和可持续发展。

碳达峰、碳中和是时代命题，参与全球的大考，是从工业文明时代走向生态文明时代，是人类文明的赶考，中国不能落后，历史要我们考出好成绩，“双碳”目标呼唤工程科技界作出历史性的贡献。

大道碳中和之玻璃行业发展的思考

中国工程院院士　彭　寿

全球气候深刻影响着人类的生存和发展，是各国共同面临的重大挑战。近些年来，为应对全球气候变化，世界各国相继提出碳中和目标，同时越来越多的国家政府将“碳中和”转化为国家战略，提出了“无碳未来”的愿景。2020 年 9 月，我国政府宣布中国将“采取更加有力的政策和措施，二氧化碳排放力争于 2030 年前达到峰值，努力争取 2060 年前实现碳中和”，这是我国政府对国际社会的承诺，是党中央统筹国内国际两个大局，着眼建设制造强国作出的重大战略决策，是我国实现可持续发展、高质量发展的内在要求，也是推动构建人类命运共同体的必然选择。

我国是世界最大的建筑材料生产和消费国，建筑材料工业也是我国能源消耗和碳排放量最大的工业部门之一。2020 年我国建筑材料工业二氧化碳排放量为 14.8 亿吨，其中玻璃全行业排放二氧化碳约 3448 万吨，平均单位产品二氧化碳排放强度364.54吨/万重量箱[1]。虽然玻璃行业和钢铁、水泥等高排碳大户相比碳排放水平较低，但是行业产能过剩严重，单位产品综合碳排放依然很高，减碳压力依然较大。面向碳中和的低碳、零碳乃至负碳技术将成为未来玻璃行业绿色高质量发展的关键。加快部署推进具有颠覆性、迭代性的节能降碳前沿技术的研究、储备和应用，大力推广应用各类节能降碳新工艺、新技术和新产品，大力开发绿色低碳的玻璃产品，不断挖掘玻璃行业节能降碳的技术潜力，对标国际先进水平，加快玻璃行业绿色低碳转型步伐，有助于促进建材行业碳减排工作，提前实现碳达峰，对我国实现碳达峰碳中和目标至关重要。

一、玻璃行业碳排放现状

1. 玻璃行业碳排放来源

平板玻璃行业碳排放包括化石燃料燃烧、原料分解以及电力和热力消耗三部分，见表1。

表1　我国平板玻璃行业碳排放及占比情况表

排放名称	具体的排放源	占比
化石燃料燃烧排放	煤、柴油、重油、煤气、天然气、液化石油气、煤焦油、焦炉煤气、石油焦等燃烧产生二氧化碳	≥60%

续表

排放名称	具体的排放源	占比
原料分解排放	碳酸盐如石灰石、白云石、纯碱等原料分解产生的二氧化碳；碳粉被氧化产生的二氧化碳	25% ～ 27%
电力和热力消耗排放	企业用电和用热间接产生的二氧化碳	≤ 13%

从表 1 可以看出，能源消耗是玻璃行业碳排放的主要来源。

2. 玻璃行业碳减排概况

2020 年我国平板玻璃行业碳排放总量约占建材行业排放量的 4.2%，占全国二氧化碳排放总量的 0.32%。“十三五”以来，我国平板玻璃行业通过严禁、严控新增产能、加快低效产能退出、采用新技术、新工艺、新设备等多措并举、统筹推进平板玻璃行业节能降碳工作，能耗水平持续降低。2020 年我国平板玻璃行业单位产品能耗为 12.50kg 标煤 / 重量箱，较 2015 年下降 14.97%，按 2020 年平板玻璃产量和能耗测算，行业碳排较 2015 年整体下降约 518.69 万吨。主要采取的节能降碳措施如下。

（1）调整产业结构

“十三五”期间，我国平板玻璃行业产能过剩问题严重，经济运行效益下滑，国家出台多项政策淘汰落后产能和严控新增产能，2016—2020 年期间累计压减落后产能超 2 亿重量箱，单线规模持续提升，有效降低能耗水平。以浮法玻璃生产线为例，1000t/d 天然气玻璃熔窑较 500t/d 天然气玻璃熔窑单位能耗指标降低 17.5%。我国平板玻璃行业相关低碳绿色发展政策概况见表 2。

表 2　我国平板玻璃行业相关低碳绿色发展政策概况

时间	颁布单位	政策	相关内容
2016.12	国务院	《国务院关于印发“十三五”生态环境保护规划的通知》	玻璃、水泥、钢铁、煤炭等行业实行产能等量置换或减量置换，推进平板玻璃“煤改气”“煤改电”
2017.02	工业和信息化部、安全监管总局	《水泥玻璃行业淘汰落后产能专项督查方案》	组织开展水泥、玻璃行业专项督查，对落后产能进行清理整顿
2018.08	工业和信息化部、发展改革委	《关于严肃产能置换并严禁水泥平板玻璃行业新增产能的通知》（工信厅联原〔2018〕57 号）	严格把控平板玻璃建设项目备案源头关口，不得以其他任何名义、任何方式备案新增平板玻璃产能的建设项目

续表

时间	颁布单位	政策	相关内容
2020.01	工业和信息化部	《水泥玻璃行业产能置换实施办法操作问答》	节能降耗等不扩产能的技术改造项目；熔窑能力不超过150t/d的新建工业用平板玻璃项目。已停产两年或三年内累计生产不超过一年的平板玻璃生产线不能用于产能置换

（2）优化能源结构

化石燃料燃烧占平板玻璃行业碳排放总量的60%以上，推进燃料的低碳化是实现节能降碳的重要途径之一。在平板玻璃行业常用燃料中，天然气是首选低碳燃料，相比煤制气，单位热值碳排放量降低约50%。在“双碳”战略背景下，我国平板玻璃行业加速推进石油焦、煤制气等改天然气进程，根据玻璃协会数据测算，2020年平板玻璃熔窑使用天然气占比约41%，煤制气占比约25%，煤焦油及石油焦占比分别约17%、15%，重油占比约2%。

（3）推广降碳新技术

新型熔窑技术节能降耗。玻璃熔窑能耗占全厂能耗的80%以上，是节能降碳的关键。围绕熔窑节能，开发出全新封闭结构、熔窑全保温等系列节能降碳新技术，大幅减少熔窑散热，整体节能5%以上，同时推进熔窑大型化发展，开发出世界最大规模1250t/d的玻璃熔窑，相比600t/d熔窑节能20%以上。此外，采用全氧燃烧技术可降低能耗12.5%～30%。

利用余热发电减少企业外购电量。利用玻璃熔窑烟气余热发电量可以满足玻璃企业20%以上的用电需求，目前全行业普及使用率达到了90%以上。

光伏发电有效降低企业用电需求。利用平板玻璃工厂屋顶、立面等建设光伏电站所发电量可以满足玻璃企业10%～20%的用电需求，目前分布式光伏电站普及率达10%以上。

二、玻璃行业碳中和路径探究

根据我国玻璃行业碳排放特点，以清洁低碳为方向，将绿色低碳发展的理念落实到全生命周期的每一个环节，通过调整产业结构、提升能源利用效率、燃料替代、原料替代、绿色能源利用、工艺节能降碳新技术、碳捕集等方式，达到从源头控碳、流程降碳、末端负碳目的，从而实现玻璃行业碳中和目标[2]。

1. 源头控碳

(1) 优化产业结构

严控新增产能，加强产能置换监管，综合发挥能耗、排放等约束性指标作用，严格执行碳排放有关标准、政策，加强监督检查，引导低效产能有序退出，加快推进行业兼并重组，推动行业集中集聚发展，提高集约化、现代化水平，形成规模效益，降低单位产品能耗。同时，大力发展节能及深加工玻璃产品，推进产业结构向高端化转型。

(2) 实施燃料替代

低碳燃料替代高碳燃料：天然气是相对低碳的燃料，单位热值含碳量显著低于石油焦、煤焦油、重油。通过"煤改气"，单位产品可以实现碳减排 20% 左右。

无碳燃料替代有碳燃料：绿氢替代燃煤用作熔窑燃料，可以减少碳排放 30% 以上。目前英国皮尔金顿在浮法玻璃生产线上成功实施了氢气完全取代天然气等化石燃料试验，为玻璃工业实现净零碳排放的目标迈出一大步。

电力 + 化石燃料混合燃烧技术：充分利用厂区屋顶、外墙以及闲置空地光伏发电或风能发电系统绿电实施玻璃熔窑大比例电助熔，替代部分化石燃料，有效减少碳排放。

（3）调整原料结构

玻璃行业碳酸盐原材料碳排放量占企业碳排放总量的25%～27%，通过采用零碳、低碳配方，满足生产需求和产品质量需求的情况下，减少碳酸盐类原材料用量，如合理减少纯碱用量，用苛性钠（NaOH）代替纯碱（Na_2CO_3），采用含有Li_2O的锂云母、锂长石、锂辉石代替玻璃组分中部分Na_2O，采用叶腊石代替氧化铝（Al_2O_3）等。

碎玻璃回收利用技术。据试验研究显示，使用碎玻璃20%以上的玻璃熔窑，每增加10%的碎玻璃用量，熔窑操作温度可以降低5℃，每使用1t碎玻璃可节省30～40m^3的天然气。源头控碳途径见表3。

表3　源头控碳途径

技术	优点	可行性
燃料替代技术	氢燃料或生物质燃料替代化石燃料等先进技术，大幅降低玻璃液单位热耗，节能3%～25%	可实施
绿电＋化石燃料混合熔化技术	光伏、风能发电等绿电大规模电助熔，替代部分化石燃料	可实施

续表

技术	优点	可行性
易熔低碳配方	替代石灰石、纯碱、白云石等含碳原料，易熔低碳配方可大幅度降低 CO_2 排放，降幅最高达 36%	可实施概率为 50%

2. 流程降碳

流程降碳技术是玻璃行业提高能效水平，实现碳中和最低成本的路径之一。加强玻璃行业配合料预热技术、熔窑大型化及保温技术、全氧燃烧技术、低温熔化技术、余热发电技术、高效节电技术等节能低碳关键共性技术、前沿引领技术、颠覆性技术研发，大力推广过程降碳新技术应用，引导能效水平相对落后企业实施过程降碳技术改造示范工程，推动我国玻璃行业能效水平提升至世界一流乃至全球领先水平，形成有效的碳排放控制阀门。流程降碳措施见表 4。

表 4　流程降碳措施

工艺流程	解决方案	可行性
原料车间	高能效输送及收尘设备	可实施
熔化车间	大型化熔窑、新型熔窑结构、红外高辐射节能涂料、二代新型梯度复合保温技术，高能效电机，富氧燃烧、全氧燃烧	可实施

续表

工艺流程	解决方案	可行性
成形车间	一级能效，加强锡槽保温、密封，减少氮气、氢气用量	可实施
退火车间	一级能效电机、加强保温、余热回收利用	可实施
切裁成品车间	一级能效电机、智能冷端自动	可实施
动力及氮氢车间	一级能效电机、压缩机、绿电制氢、制氮技术	可实施
水泵房	一级能效电机、水泵	可实施
供配电系统	高能效变压器、新型储能技术	可实施
全生产流程	全生命周期碳排放管理系统	可实施

3. 末端负碳

末端负碳排放技术主要包括碳汇/碳捕集利用与封存技术（CCS/CCUS）、生物质利用与CCUS技术结合（BECCS）。负碳排放技术是玻璃行业以及我国实现碳中和的托底技术，加快构建玻璃行业低成本、低能耗、安全可靠的CCS/CCUS和BECCS技术体系，打造二氧化碳利用产业集群，同时，推进企业每年计划投入资金加强厂区绿化建设，打造花园式工厂，增加企业碳汇。碳回收利用路径见表5。

表 5 碳回收利用路径

技术路径	形成可利用产品	碳移除 / 碳捕捉潜力（亿 tCO_2/a）	成本（美元，负值表示盈利）
二氧化碳制化学品	甲醇、尿素和塑料等	0.1~0.3/3~6	–80~320
二氧化碳制燃料	甲醇、甲烷等	0/10~42	0~670
微藻生产	水产养殖饲料等生物制品	0/2~9	230~920
混凝土碳捕集	碳化水泥、混凝土等	1~14	–30~70
提高原油采收率	石油	1~18	–60~45
生物碳捕捉和存储	农作物、植物等	5~50	60~160
矿物碳化	农作植物形成生物质	20~40	少于 200
植树造林	森林、木材	5~36/0.7~11	–40~10
土壤碳封存技术	农作植物形成生物质	23~53/9~19	–90~–20
生物炭	农作植物形成生物质	3~20/1.7~10	–70~–60

全球碳捕捉与封存技术发展有 40 多年，如今总计有 65 个商业 CCS 设施，其中 26 个正在运行，每年可捕集和永久封存约 4000 万吨二氧化碳 [3]。当前碳捕集技术成本较高，中国仅少部分玻璃企业进行了资源投入，中建

材合肥新能源正在开展玻璃行业首个碳捕集纯化示范项目建设，项目建成后实现年产纯度为99.99%以上的食品级二氧化碳液体5万吨，并加工生产1万吨干冰，减碳量将占企业总碳排放量的35%左右。

三、玻璃行业碳中和的思考

1. 加强行业顶层设计

目前玻璃行业发展仍然处在上升期，特别是光伏玻璃产业大规模发展，行业碳达峰以及碳中和任务艰巨。因此，统筹考虑玻璃行业2030年前碳达峰与2060年前碳中和目标，加快制订玻璃行业中长期碳中和发展路线图和行动方案。同时，建立跨部门协调机制，共同推动支撑碳中和目标下各领域科技创新及技术成果推广应用，持续推进玻璃行业碳减排。玻璃行业中长期碳中和发展路线见表6，玻璃行业碳中和技术图谱如图1所示。

表6　玻璃行业中长期碳中和发展路线

年份	2030	2060
愿景	优质浮法玻璃比例大幅度上升； 特种玻璃技术突破接近国际同类产品水平； 实现碳达峰目标	优质浮法玻璃、特种玻璃技术达到或超过国际同类产品水平； 实现智能化、数字化工厂控制目标； 实现行业碳中和目标

续表

年份	2030	2060
目标	平板玻璃年产量降低到10亿重量箱，优质浮法玻璃比例约占50%，特种玻璃生产技术接近世界先进水平，平均能耗目标达到9.5kg标煤/重量箱； 智能工厂超过40家； 二氧化碳捕捉收集等技术取得突破	平板玻璃年产量降低到9亿重量箱，优质浮法玻璃比例约占90%，特种玻璃生产技术达到世界领先水平，平均能耗目标达到8kg标煤/重量箱； 大中型企业全面达到智能工厂要求； 二氧化碳捕捉收集、利用等技术成熟可靠
关键技术	原/（燃）料替代技术取得突破； 新型熔窑、新型熔化、成形等技术取得突破性进展； 智能化工厂系统集成技术实现突破； 末端低成本、高效碳捕集、利用技术等取得突破	原（燃）料替代技术大规模推广； 颠覆性节能降碳技术和产品广泛应用； 智能化、数字化、无人化工厂全面普及； 末端碳捕集及应用技术得到广泛应用

2. 强化技术攻关

玻璃行业低碳（零碳）发展的核心是依靠科技创新，特别是颠覆性技术创新。目前玻璃熔化热利用效率不足35%，造成能源大量浪费。加快培育一批节能降碳技术国家重点实验室、国家技术创新中心、重大科技创新平台，

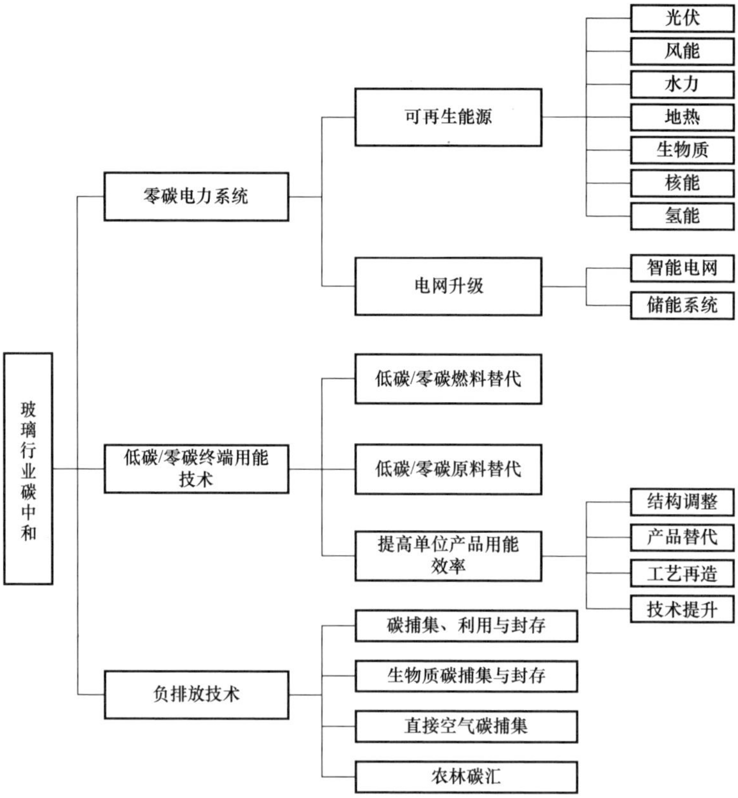

图 1　玻璃行业碳中和技术图谱

推动新一代飞行熔化、分段式熔化、负压澄清、零碳流程再造等前沿技术、颠覆性技术的重点突破，提升能源利用效率，进一步促进玻璃行业低碳发展。

3. 实施节能降碳重大示范工程

发挥中央企业、大型企业集团示范引领作用，加快实施玻璃行业可再生能源、绿氢、新型储能、碳捕集利用与封存、高效节能低碳技术等重大示范工程，推动低碳工艺革新，实施降碳升级改造，形成一批可复制、可推广的技术和经验。

4. 加速玻璃行业数字化转型

推动互联网、大数据、人工智能、5G 等新兴技术与玻璃行业深度融合，充分利用大数据、物联网、区块链、虚拟现实、工业互联网、工业机器人、智能交互系统等新技术，实现玻璃生产数据全生命周期管理，挖掘数据价值，构建了以数据驱动的管理决策体系，对产线、生产设备进行实时监控、统一调度及远程专家会诊，提升管理运营效率，实现行业降碳增效。

5. 完善政策体系

建立健全有利于玻璃行业绿色低碳发展的政策和市场体系，完善玻璃行业绿色低碳发展的财税、金融、价格、土地、政府采购等政策；引导金融机构为玻璃行业绿色低碳项目提供长期限、低成本资金，鼓励开发性、政策性金融机构按照市场化、法治化原则为碳达峰行动提供长期稳定融资支持；加快推进碳交易权建设，通过政策和市场工具促进玻璃行业减少碳排放。

6. 加强国际合作

借助“一带一路”倡议、“南南合作”等平台，主动对接产业链上下游企业，发挥各自优势，抱团出海，在境外政治经济风险较小、资源能源丰富、物流便利的地区发展玻璃工业，带动国内装备、技术出口，构建国内外双循环发展格局。

实现玻璃行业碳中和是一场广泛而深刻的系统性变革，涉及方方面面，必须强化战略思维、拓宽战略视野、做好战略设计，凝聚全行业的智慧与力量。“玻璃创造美好世界”，在碳中和大背景下赋予玻璃新生命，在不断降碳颠覆性创新突破中赋予玻璃行业发展新动能，为我国碳中和目标早日实现贡献玻璃行业的力量！

参考文献：

[1] 中国建筑材料联合会 . 中国建筑材料工业碳排放报告（2020 年度）[J]. 砖瓦世界，2021(7)：5-7.

[2] 聂祚仁 . 生命周期方法与材料生命周期工程实践 [J]. 科技导报，2021，39（9）：1.

[3] 全球碳捕集与封存研究院 . 全球碳捕集与封存现状 2020[R]，2021.

碳中和是我国经济社会发展的重大变革

中国工程院院士　金　涌

2020年9月22日，我国在第七十五届联合国大会上宣布，中国将提高国家自主贡献力度，采取更加有力的政策和措施，二氧化碳排放力争于2030年前达到峰值，努力争取2060年前实现碳中和。碳达峰、碳中和的提出，引发国际社会广泛关注。2021年3月15日，习近平总书记在中央财经委员会第九次会议上进一步阐述了“双碳”目标的重大意义，指出碳达峰、碳中和对于我国是一场广泛而深刻的经济社会系统变革，要把碳达峰和碳中和纳入到生态文明建设的总体布局中。落实中央确定的碳达峰、碳中和目标，有利于降低我国经济发展对能源进口的过度依赖，保障国家能源安全，也有利于推动产业的绿色转型，建设生态文明，是经济社会高质量发展、可持续发展的重要推力，同时也体现了构建人类命运共同体的大国担当。

一、我国实现碳达峰、碳中和目标面临巨大挑战

要如期实现2030年前碳达峰、2060年前碳中和的目标，我国经济社会发展面临巨大挑战。

第一，我国是全球碳排放量最大的国家，减排压力大。2019年全世界二氧化碳排放总量约为330亿吨，我国的排放量为102亿吨，约占世界的1/3。美国是世界上第二大碳排放国家，排放量为48亿吨，只有我国的一半。我国的碳排放量远远高于其他国家，减排压力巨大。

第二，从碳达峰到碳中和的时间短。英国从碳达峰到碳中和前后历经了79年，美国历经了45年。而我国实现这一过程只有30年的时间。作为全球碳排放量最大的国家，要在这么短的时间内实现碳中和，难度可想而知。

第三，须大幅提高能源利用效率。实现碳达峰、碳中和目标的同时还要保持经济快速发展，这就需要大幅提高能源利用效率。我国万元GDP能耗为0.519t标煤，而美国、日本仅为0.242t标煤、0.197t标煤，我国的能耗是美、日等发达国家的两到三倍。如果我国保持现有的发展速度（人均GDP增速）不变，到2060年将达到人均GDP 5万美元，且万元GDP能耗降低到发达国家同等水平，也

就是 0.1 ~ 0.2t 标煤 / 万元 GDP。那么到 2060 年我国的能源消费总量将达到 23.73 亿~ 47.46 亿吨标煤，这与我国现阶段能源消费总量水平接近，到 2060 年能够保持现有能源消费规模或者减少一半规模的能源消费对于我国将是一个巨大的挑战，对于我国的科技水平、市场运行、资金投入以及政府的公共政策都是一场巨大的考验。

二、实现碳达峰、碳中和要与经济增长协调并行

实现碳中和目标是国家发展中牵动全身的一场重大变革。从人文角度看，我国提出建设人类命运共同体，同全世界一起来应对气候污染和气候变化的问题，这显示了我们的大国担当；从科技角度看，实现碳中和的科学原理要正确，工程上要开发出颠覆性技术，并确保这些技术是可行的；从经济投入角度看，要使国家的大量投资合理且可承受，不能干扰到我国从中等发达国家同步建成社会主义现代化国家的进程，实现发展经济和改善生态环境的同步进行。

预计到 2060 年，我国人口将大致稳定在 14.6 亿人的水平，如果人均 GDP 达到 5 万美元，那么经济规模就要比现在提升 5 倍。如果到 2060 年，我国万元 GDP 能

耗降到现在发达国家的水平，即每万元 GDP 产值消耗的能源降到 0.1 ～ 0.2t 标煤，也就是降低到现在能耗的五分之一。要实现这一目标，我国必须对经济结构进行重大改革和调整。

三、我国实现碳中和目标的路径选择

笔者认为，要实现二氧化碳排放于 2030 年前达到峰值，2060 年前碳中和的目标须从产业和技术两个方面着手，其中以产业结构调整为主、技术进步为辅。产业方面要推动传统资源密集型低端产业、重工业向高端制造业、高技术产业发展，减缓对钢铁、水泥等高能耗产品的需求，刺激对高端工业品、服务和绿色环境的需求；技术方面要以科技创新推动能源效率提高，如发电效率提升有望减少 10% ～ 20% 的火电碳排放，能源效率提升可使吨钢能耗、单位水泥综合能耗等进一步下降，从而使工业能耗大幅减少。在能源领域，要从以火力发电为主要发电模式过渡到以光电和风电等可再生能源为主要发电模式。

（一）将化石能源主要用作化石材料

化石能源对人类的进步起了非常大的作用，三次工业革命的共同点都是由化石能源驱动的，主要是煤炭、石油和天然气。人类社会从化石能源时代进入化石材料时代后，这些化石能源不再用作燃料，也就不会产生二氧化碳，化石能源将主要用作高端材料，用于高新科技。

1. 石化产业

在过去，石油炼制 80% 的产品是汽油、柴油、煤油、润滑油，只有 20% 做成石脑油。石脑油被加工成三烯、三苯后，用来生产高分子材料。目前汽油、柴油、煤油资源已经过剩，需要更多的高分子材料以及用高分子材料生产的产品。所以需要开发颠覆性技术，扭转这一用途比例，将 80% 的石油做成高分子材料，将 20% 的石油用来炼制汽油、柴油、煤油等，作为燃料使用。

2. 煤化工产业

最近十几年，我国化工界做了非常大的努力，煤化工技术的进步使得煤不只做燃料用，还可作为材料用来生产烯烃、芳烃，从而代替一部分石油。我国在催化剂技术、设备、放大技术、大厂运营经验等方面，都处于世界领先水平。需要重点研究的是，将煤从燃料变成材料的过程中，如何解决二氧化碳排放量较多的问题。将煤炭作为原料有广阔的前景。按照热值计算，1t 油的发热量相当于 1.5t 煤，可是 1t 油的价格要比 1t 煤贵 5 ～ 10 倍，所以，按照发热量计算，煤的价值远远被低估了。

（1）煤炭分质利用

煤炭分质转化利用是在较低的温度下实现煤炭资源的分质与利用，并对各个分级产物进行梯级利用、吃干榨尽。具体来讲，煤不能完全等同于碳，煤炭里面有 1 个碳原子，同时也有 0.8 个氢分子，也就是说，煤是含氢的。用煤炭作燃料烧锅炉时，就把这些碳分子和氢分子一起都烧掉了。如果在烧煤之前，把碳氢化合物分解出来，这样燃烧的只是焦炭，通过煤炭分质以后得到半焦和碳氢化合物，碳氢化合物可以制氢，有利于二氧化碳的利用。这种转化方式和转化路线具有较好的节能减排优势。

（2）调峰发电

煤炭分质后的半焦可用于蒸汽发电。蒸汽发电以后，它的烟道气喷入碳氢化合物可进行燃气轮机发电，也就是燃气、蒸汽联合循环发电。这种发电技术应该是保留下来的火电的改革方向，原因如下：①其能源转化效率更高，可以从现在的 42% 提高到 60%；②可以调峰发电，燃气发电比较容易开工和停工，可作为可再生能源的调峰电网和调峰电站。

（3）半焦的利用

半焦在高温环境下可作为还原剂还原二氧化碳。高温下，二氧化碳和炭反应生成一氧化碳。同时，可以把一部分炭通过不完全燃烧生成一氧化碳。也就是说，这两个反应可以放在同一个反应容器里进行，实现稳定的生产。这样二氧化碳就可以通过碳还原的办法变成一氧化碳，从而可用于进一步的化学利用。

3. 天然气工业

天然气可用作化工原料。天然气是一种含氢很多的化合物，利用二氧化碳和天然气一个富碳、一个富氢的特质，可以进行很多化学反应。天然气的价格比较贵，我国的天然气大部分用作民用了，民用天然气实际上利用率很低，比如用天然气来烧开水，热量大概只有 30% ~ 40% 被利用，剩余 50% 以上的热量全都散发掉了。但如果用电来烧水，可以做到 90% 以上的电能都会被利用。从能源利用效率考虑，电气化的炊具比燃气灶更节能。

将天然气用作材料潜力巨大。用煤炭来制氢，制 1t 氢气会排出 11t 以上二氧化碳，如果用天然气代替煤制氢气，可以大量减少二氧化碳的排放；还可以利用天然气与二氧化碳反应制甲醇；另外，天然气也可用来调峰发电，一定程度上可减少二氧化碳的排放。

（二）加速可再生能源的发展

碳中和目标的提出，对于太阳能、风能、生物质能、氢能、核能等是重大利好，可引发“第三次能源革命”。正如人们所说，石器时代的结束不是因为没有石头了；石油时代的终结也不是因为石油消耗完了，而是有新的技术产生了、替代了。在碳中和背景下，可再生能源终将结束化石能源所属的时代。

1. 光伏发电和风力发电

我国目前人均耗电 0.51kW · h，不到美国的三分之一，电力消费仍将大幅增长。满足人们的电力消费需求同时实现碳中和目标，就要缩减火力发电，加快光伏、风力等可再生能源发电的发展。经过十多年的努力，我国风电和光电的成本已经大幅度下降，可以做到与火电成本基本近似，基本具备了替代火电的条件，实现零碳或者净零碳的电力供应。

自然界中可再生能源资源非常丰富。据测算，太阳能给地球供应的能量是人类工业、生活使用能源的近三千倍。也就是说，太阳能完全可以支持人类的能源需求。

我国青海、西藏地区具有丰富的太阳能资源，每平方米每年就可以有 1MJ 的能量。我国光伏产业发展得比较好。发展光伏需要多晶硅和单晶硅，我国多晶硅和单晶硅的产量在世界范围内是最大的。我国也拥有丰富的风场资源，可以支撑大力发展风电技术，以代替现有的化石能源发电。风电和光伏发电最大的缺点是不稳定。一块云彩过来以后，光伏电池板的发电量就会大幅度减少，夜间也不能工作。那么怎样使光能和风能的发电能够稳定供应呢？这就需要储电来相匹配，利用储电技术可把发电高峰期的电储存起来，以保证电能的稳定供应。科学家认为光伏、风力发电加储能技术可能是人类未来能源解决方案中的最佳路线之一。除此之外，还有核聚变发电。

2. 生物质能

（1）藻类产油

在生物质能领域，微藻被认为是一种极具前景的生物能源。微藻是一种单细胞藻类，广泛分布于海水、淡水和微咸水中，能够在某些环境条件下以甘油三酯的形式储存所固定的太阳能和二氧化碳。目前，我国某能源控股公司已经在内蒙古建立了一个利用微藻生产生物柴油的商业工厂。他们利用煤基能源生产过程中排放的二氧化碳和浓盐水，在周边的沙荒地养殖微藻生产生物质能源，实现能源生产的清洁高效和循环发展。

（2）农牧业废弃物作能源、肥料

秸秆与粪便是农牧业生产中的主要废弃物。这些产品可通过一定处理后生产沼气，作为能源来使用；也可以作为沼液、沼渣等，通过与化肥调配后作生物肥料。

（3）生物质碳化

森林是一个碳汇。一个成熟的森林，每亩地每年可以吸收 24 亿吨二氧化碳。但是森林在夜间会排出二氧化碳，每亩地每年排出约 17.9 吨二氧化碳，这个数据还不包括废弃物代谢。大量的枯枝、烂叶如果处理不好后腐烂，就会产生很多甲烷。甲烷的产生也会导致温室效应。所以，通过种树吸收二氧化碳的碳汇是不完整的。应该把这些生物质碳化，碳化以后形成的不是碳氢化合物，而是纯粹的生物炭。生物炭的生态结构是多孔的，是非常好的保山、保水肥料，经过慢慢释放物质回归土壤后，可以改良土壤，使土壤变成黑土地。所以种树的同时还要大力发展生物质碳化技术，让植物帮助我们把大气中的二氧化碳固定下来。

3. 未来能源结构

“可再生发电 + 储能”是人类未来能源的终极解决方案之一，以煤炭、天然气等化石能源为燃料的火电厂仍将保有少量规模，以满足调峰与应急需求。储能技术与可再生能源发电技术相结合，可以使得储能与可再生能源成为一个联合系统，从而减少波动，增强电力系统的灵活性，使其输出具有可控性和可调度性。

近年来，可再生能源发电和储能系统成本的快速降低和性能改进，为这一模式的推广提供了机遇。尤其是光伏发电的单位用电成本在部分光照资源丰富的地区已实现与燃煤电厂上网电价持平，但是由于以风电、光伏为代表的可再生能源自身具有间断性和波动性的特点，要想实现大范围的调度消纳，就必须结合储能系统的配合以增强可再生能源发电的稳定性和可靠性。

目前，可行的储能方案包括化学储电（锂硫电池、动力电容）、相变储热（储冷量）、机械储能（压缩空气）、水力储能（上下游水库）等。在2020年新增储能的2686MW中，抽水储能占69.5%、电化学储能占30.4%。近几年，我国快速发展新能源汽车行业，使其上游锂电池行业也快速发展，这在一定程度上促进了储能系统成本下降，使锂电池储能系统离商业化应用更近一步。也有机构预测，20年后全球电动车将达到10亿辆，储能700亿千瓦时，可用于调节电力峰谷平衡。

（三）交通建筑领域的低碳零碳

1. 交通领域

我国现在汽车保有量为2.6亿辆，其中新能源汽车381万辆，处于世界首位。目前，交通的电气化在火车领域已经完全实现，科研工作者们正在研究航空、水运等领域的电气化应用。我国首架电动飞机已经试飞成功，但实现长距离飞行还有一段过程。

（1）新能源汽车

新能源汽车是一个重要的发展方向，其产业链基本完整，主要包括原料、关键零件、整车、电机、电控、动力电池、充电回收利用等。但我国在芯片、仿真软件、质子模、催化剂、碳纸技术等方面比较落后，充电设施、智能网联方面也不完善，而且还需要加快新能源汽车储电技术的发展，这样可以加快我国零碳交通的实现进度。

（2）化学储能

新能源汽车方面原来制约锂电池里程数比较低的

情况已经有所改观，现在锂电池最好的成绩是可以开到800～1000km，比燃油汽车开得更远。锂电池在高能量密度情况下会着火的情况也已经克服。目前锂电池面临的主要挑战是给电池提供新的、更安全的、更高性能的材料。

氢燃料电池的优势是可用于长途重载车运输，但其不能通过管路运输，而且存储氢气的高压罐压力须大于300Pa，其运输安全性也不能保证。是否可以将氢燃料电池用于汽车还涉及转化效率的问题。现在用电解水制氢的能耗比较高，能源转化效率只有30%～40%，很难提高到60%。用制出的氢气再用作氢燃料提取发电，其能源转换效率为50%～60%。以上过程是从可再生的电变成氢气，再由氢气变成电，能量剩余仅1/3，所以转化效率是非常低的。所以笔者认为氢是一个很重要的碳中和的元素，但不是一个很好的二次能源，电动汽车的未来应该主要是使用锂电池或锂硫电池以及各种新型电池。

2. 建筑领域

二氧化碳排放大户是人居工程，主要包括建筑和生活两方面。为减少人居工程中二氧化碳的排放，中国需要一种节能的建筑。在这方面，国外建筑业已经做了很多实践，我们完全可以效仿。住户全部的能量需求可以通过地热、风电、光电等方式获取，保暖建材、光热、调峰制冷、相变建材、地热等技术可辅助实现建筑节能。这样的建筑不但不排放二氧化碳，不需要化石燃料去供应，而且还能有富余。这种零碳、完全生态化的居住环境也是我们努力的方向。现在主要发展保温材料使冬天的供暖需求大幅度下降。

清华大学和国外有这样的技术合作——把气体二氧化碳重新变成石头，使其以固体形式存在。这是一个化学链技术，是把地球上大量存在的硅酸盐（如橄榄石、蛇纹石等）或我们现代建筑用的废弃的水泥，用氯化铵活化后变成氯化物，然后再用二氧化碳将其转化成碳酸盐，如碳酸钙、碳酸镁等，使其可以长久的以固体形式保存。这些技术现在看来是不经济的，但在将来却不见得没有出路。我们还要开发更多二氧化碳回收利用的技术。

（四）倡导低碳生活方式

人们的日常生活与碳排放密切相关，在日常生活中采用低碳的生活方式也可以助力实现减碳，如以在公园慢跑代替在跑步机上跑步，自然晾干衣服代替洗衣机甩干，LED 灯代替白炽灯等。联合国号召全民低碳生活，早在 2008 年就已做过广泛宣传，并对碳减排做了很详细的计算，比如在公园慢跑代替在跑步机上跑步每 45min 可减排二氧化碳 1kg；衣服不用甩干机甩干，而是靠自然晾干，每人每天可减少二氧化碳排放 2.3kg；用 LED 灯代替白炽灯可减排二氧化碳 3/4。

四、结语

碳中和是我国经济社会发展的一次重大变革，也是规划人类未来命运的重要抓手。实现碳中和目标要与经济发展同步，我国从工业化时代转变到信息化时代，要在大幅度降低二氧化碳排放的同时提高经济发展水平。碳中和将开启人类新时代，这个时代可再生能源代替了化石能源，成为主导能源；核聚变能源得到大力发展；煤炭、石油、天然气从燃料转变为材料；人类进入资源循环利用化时代。实现碳中和目标以后，会迎来全行业的产业大变革，使我国永远摆脱资源和能源匮乏的干扰，经济社会进入一个稳定的、长期的、可持续的发展过程。所以碳中和意义重大，实现这一目标需要全民的共同努力。

基于全生命周期理念的水处理膜技术绿色低碳发展之路

中国工程院院士　侯立安

膜技术作为一类高效的分离技术，已成为解决当下水资源短缺和水环境污染等重大问题的共性技术，是水资源可持续发展的重要保障技术之一。目前，以反渗透/纳滤为核心的膜法水处理技术已被广泛应用于非常规水源开发利用和水污染防治等领域[1]。据统计：截至2017年，产值逾1000亿美元的全球膜材料市场中，水处理膜材料占比超60%，且逐年上升；截至2019年，以反渗透膜为例，其市场规模约240亿美元，其中市政污水和工业废水处理领域仅8英寸反渗透膜组件的保有量近250万支。水处理膜在实际应用过程中会逐渐老化，特别是由于膜污染、膜氧化以及膜系统设计和运行不当等问题，会加速膜器件的性能劣化，其使用寿命通常只有3～5年[2]。随着膜法水处理技术的发展和应用市场的不断壮大，每年有超百万支水处理膜组件因性能劣化，导致组件的废弃和淘汰，并由于缺乏系统、合理的处置方案，造成环境污染和资源浪费。废弃水处理膜因其增量快、再生难、处置乱等问题已经成为一类不可忽视的新固废。

国务院印发的《2030年前碳达峰行动方案》提出碳达峰碳中和的10大重点任务[3]，其中“循环经济助力降碳行动”明确指出要“抓住资源利用这个源头，大力发展循环经济，全面提高资源利用效率，充分发挥减少资源消耗和降碳的协同作用[4]。加强固废综合利用和健全资源循环利用体系是循环经济助力降碳行动的两个重要内容，固体废弃物的全生命周期评价（Life Cycle Assessment，LCA）成为循环经济体系的重点领域。因此，如何减量废弃水处理膜的产生，实现废弃膜的高值化利用和规模化处置，成为破局水处理膜绿色低碳发展难的关键。本文以全生命周期评价为理念，围绕水处理膜制造、使用和处置等关键环节进行探讨，提出规范和完善我国水处理膜行业全生命周期评价的思路和建议，为水处理膜行业绿色可持续发展提供参考。

一、水处理膜的全生命周期评价与控制

循环经济是以可持续发展为原则，区别于传统“资

源—产品—废弃物”的线性发展模式，采用“资源—产品—再资源化”的闭环管理模式[5-6]，该发展模式突破了传统线性经济模式存在的资源高消耗、低利用率、产品废弃后对环境造成污染等弊端，强调低资源消耗率、高利用率、产品高循环率，从而最大限度地降低对自然环境的影响。

全生命周期评价已经逐渐成为识别和量化产品对环境潜在影响的强有力的生态设计工具，该方法针对特定产品在“从摇篮到坟墓”整个生命周期中的资源消耗和环境影响进行综合量化评估，以改善产品从原料来源、生产、使用、回收利用乃至最终废弃这一完整生命周期中的资源环境负担[7]。

水处理膜的循环经济应该是基于全生命周期评价与控制理念：不仅考虑水处理膜的实际处理效果，还应该从水处理膜的源头制造，到水处理膜退役后的报废处理，对整个生命过程中各个阶段做出全面、系统的考虑，使水处理膜在全生命周期对自然资源和能耗的需求最小化，对环境的污染最小化，发挥的效率最大化，从而实现产品全生命周期设计的最优化。如图 1 所示为水处理膜的全生命周期评价与控制。

（一）强化膜产品的生态设计

1. 水处理膜的绿色制造

水处理膜的制备是一个化学工业过程，目前水处理膜多采用相转化或界面聚合方法制备而成，两种制备过程涉及大量有机溶剂和聚合物材料，因此膜制备过程对环境或人类健康存在必然的危害。绿色制造在膜制备中起着越来越重要的作用，虽然每年有许多关于新材料和新合成方法的研究报道，但水处理膜的绿色合成只占很小的比例[8]。现有研究中关于绿色合成膜的一个主要策略是设法避免过多地使用有机溶剂或用水完全取代有机溶剂，但由于聚合物本身的特性和制膜工艺所限，目前水

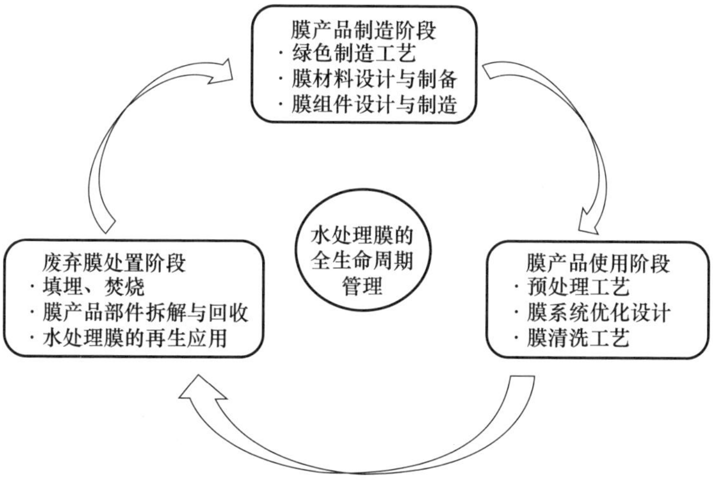

图 1　水处理膜的全生命周期评价与控制

处理膜工业制备流程中还不能完全实现有机溶剂的全替代，仍会消耗大量有机溶剂，产生含有机溶剂废水，易造成水环境的污染。

水处理膜绿色制造的终极目标就是以环境友好的方式合成膜，因此，开发新型制膜技术，改进和提升拉伸法等无溶剂的膜制备技术，在保证或提高产品产量的同时，最大化地减少资源消耗、能源消耗和污染排放，尽可能实现绿色制造是现阶段我国水处理膜行业助力“双碳”目标的重要内容。

2. 长期服役膜材料开发

膜材料长期服役的稳定性是水处理膜系统运行平稳性和经济性的重要指标，基于抑制劣化的长效水处理膜材料始终是膜材料研发领域的关键。膜污染和膜氧化是导致水处理膜产品性能劣化并被废弃的两个主要因素，因此开发具有优异抗污染和耐氧化性能的水处理膜材料，赋予膜材料长效服役性能，是实现水处理膜循环经济“源头减量”的重要部分。采用界面聚合方法制备的水处理膜性能主要受膜表面亲水性、电荷、内部结构和表面粗糙度等性质影响。通常通过调节单体种类、含量、反应时间、添加剂及后处理等因素控制聚酰胺功能层的结构和特性，可以达到调整水处理膜抗污染和耐氧化等性能的目的。研究者们通过不同策略[9]，包括：①选取新型聚合反应单体，制备自身具有优异的抗污染或耐氧化表面功能层；②在界面聚合成膜过程中加入具有性能的添加剂（如纳米粒子），赋予膜材料抗污染和耐氧化性能；③优化反应条件或发展新的反应方法；④表面介质或涂覆增强膜抗污或耐氧化的成分等，均能够有效提高膜的抗污染或耐氧化性能。

随着膜制备技术的不断发展，这些方法和工艺也取得了很大进展，目前美国杜邦（原陶氏）、日本东丽以及中国的时代沃顿等国内外膜企业，陆续开发了一系列抗劣化性能提升的膜材料。但这些工艺仍存在许多难点需要解决，如：①新型单体制备得到的水处理膜长期服役性能及膜结构演变还有待考察；②膜添加材料对水处理膜结构及性能影响的机理需进一步揭示；③膜改性功能层的均布性和稳定性问题等，都需要进行深入研究。因此，研发有效提升膜材料抗污染、耐氧化性能，且适合工业大规模应用的膜材料制备工艺和制造技术，是获得长效水处理膜的重要手段，也是实现水处理循环经济源头减量的关键。

3. 水力学特征科学的膜组器设计

膜组件是膜法水处理技术的关键器件，其中卷式膜组件结构简单、造价低廉，在水处理中应用最为广泛。卷式膜组件通常由若干层膜片、进水侧隔网和渗透侧隔网环绕多孔收集管卷制而成。虽然膜材料是膜分离技术的关键，但膜片间的进水隔网和渗透侧隔网对流体（水、溶质、污染物等）在流道内的水力学状态和传质现象等也有直接影响，这些因素对卷式膜组件系统性能的作用却不可忽视，在关注和研究膜材料自身长期服役性能的同时，组件结构的优化设计也十分重要。水处理膜组件的设计指标主要包括：进水隔网结构（厚度、形状、间距和入水角度等）、渗透隔网、膜片卷制页数等[10]。目前关于长效水处理膜材料已经有了广泛关注，但组件隔网和卷制工艺优化设计研究还有待进一步加强。

模拟计算科学作为一种有效的研究手段已经在组件设计与制造领域得到一定应用，未来该领域应充分结合实践与理论模拟的优势，以模拟研究为指导，结合实际生产进行深入研究[11]。总体而言，通过水处理膜组件的优化设计，进一步指导组件的制造，使水在组件中的水力学特征分布科学，可以有效提高膜组件的耐污染性和运行稳定性，也有望从源头实现水处理膜产品品质的提升。

（二）提高膜产品使用效率

膜过程（工艺）优化是保证膜系统总体性能的关键环节，完整的膜系统过程主要涉及预处理，膜清洗和膜流程设计等三个部分。

1. 预处理

预处理工艺是通过物理或化学途径使原水水质达到膜过程的进水要求，维持膜系统稳定运行，确保过程产水水质[12]。其中，物理法（过滤、絮凝—沉淀、浮选）可有效去除水体中不溶性悬浮颗粒与胶体，避免膜表面机械损伤或污堵，是当前预处理工艺的必要环节[13]；化学法（预氯化—还原、臭氧氧化、阻垢剂）可有效抑制或杀灭水体中微生物并降低无机盐结垢趋势[14]，显著缓解膜表面微生物污染和结垢问题，但化学药剂需经科学的剂量核算，如原水的过度氯化将造成膜产品不可逆的氧化性损伤。大量工程经验表明，针对特定水体水质合理选择与设计预处理工艺将直接影响整个膜系统的运行成本及膜产品服役寿命。此外，合理的预处理工艺还能有效应对水处理系统后端输送管道的腐蚀、结垢以及膜污染问题，因此，发展先进的原位在线监测技术，利用物联手段，实现根据水质精准动态调控预处理是未来的重要发展方向；另外，发展集成和耦合技术，缩短预处理工艺流程也是提高预处理效率的重要措施。

2. 膜清洗

尽管新型抗污膜材料和高效预处理工艺研究不断发展，但在真实的复杂水体环境中，膜污染问题仍伴随着整个膜应用过程，是目前限制膜产品服役寿命的最主要因素。根据膜污染的程度和主要污染物成分，结合膜材料结构特点，设计高效的膜清洗方式，是保证产水质量，延长膜服役寿命的关键。其中，物理法膜清洗[15]（超滤膜、微滤膜可采用“气洗＋反冲”模式，纳滤膜、反渗透膜只能采用正向错流冲洗）可以去除膜表面松散附着的污染物，解决轻度的膜污染现象。而重度膜污染问题必须采用化学法膜清洗手段，通过添加酸、碱、表面活性剂、螯合剂、氧化剂等方式，减弱污染物与膜表面相互作用力，实现有效去除。由于现实膜系统工程中常面临污染物成分复杂，膜清洗难度大的难题，系统性研究膜污染过程机理，探究膜表面与污染物分子相互作用机制，设计“物理＋化学”耦合的强化清洗模式，开发环境危害性小、清洗效果佳的膜清洗药剂，并建立膜清洗指导准则是关键。

3. 膜系统优化设计

随着水处理膜技术应用范围和系统规模的迅速增长，针对膜系统流程、配置等工艺的设计需求日益凸出，系统运行能耗与膜元件成本已成为整个流程设计的核心，是膜系统低成本和高稳定运行的重要保障。当前膜系统应用极大依赖于经验指导，即基于单膜元件性能测试和少数工程经验进行放大，然而膜产品种类繁多，面向不同处理对象和分离需求，进行差异化的膜系统设计难度大。在实际应用中，“经验设计”通常难以实现膜产品与处理需求的高度匹配，无法充分发挥膜分离技术优势，导致系统性能与能耗成本难优化的问题，制约了膜技术的应用发展。因此，构建面向复杂应用体系的膜系统设计理论和准则，方便开展定制化的工艺系统设计，替代传统“经验设计”模式，能大大提高系统设计的准确性，这也是膜产品合理使用和膜系统工程高效运行的关键所在。

（三）重视废弃膜产品循环再利用

常用的废弃水处理膜处置方式主要包括：固体废弃

物处置、拆解回用、修复循环回用等。近年来，国外开始对废旧水处理膜尤其是反渗透膜回收再利用方式及其标准化管理进行了较多研究[16-17]，同时全生命周期评价法也越来越多地被用于废旧水处理膜的管理和控制。有研究者采用LCA方法对填埋、焚烧、气化、物质回收、能量回收、直接再利用、循环使用等七种废弃膜处置方式进行了环境和经济的量化评价，研究表明不同处置方式产生的环境和经济影响的差别大[17]。因此，深入探究并建立绿色、经济的废弃膜处置管理模式对于水处理膜技术的高质量发展至关重要。

1. 填埋、焚烧

填埋和焚烧处理是水处理膜被当作固废进行处置最简单和最原始的方法，也是最不符合绿色发展的方式。纳滤和反渗透为主的水处理膜组件主体材料为聚酰胺、聚砜和聚酯等聚合物材料。这些材料通常没有生物毒性，可以进行填埋处理，但存在土地占用和运输问题，另外，填埋后聚合物的降解周期长，还可能会造成微塑料泄漏到环境中，因此，填埋处理不仅是资源浪费，也造成了环境污染的风险[18]。

为了减少填埋占地问题，将废弃水处理膜进行高温反应焚烧是另一种处理方式。水处理膜组件大部分为高分子材料，是由碳和氢组成的长链聚合物链，高温焚烧下能转化为碳材料和能源，焚烧产生的能量虽然可以用于日常生活以及工业生产中的供电和供热，但焚烧会产生大量潜在的环境风险。因此，基于传统线性经济模式的填埋、焚烧处置方式均不符合“双碳”目标下水处理膜的绿色低碳发展模式。

2. 膜产品部件拆解、回用

以反渗透和纳滤为主的水处理膜材料大多为复合膜结构，通常由聚酰胺分离层、聚砜底膜和无纺布支撑层构成。此外，膜组件内部结构中的隔网垫片主要成分为聚丙烯腈和聚酯，渗透管和组件端口材料为塑料，外壳主要材料为玻璃纤维，组件胶合部分含有环氧类密封成分[19]。

考虑到膜组件的这种多材料复合特性，若能通过机械回收或化学回收等途径对膜组件进行拆解，实现材料的提取、回收，可以在一定程度上实现废弃膜产品的回用。例如，有研究者将废旧的膜元件分解，提取其中的聚丙烯垫片重新用作工布、鼠标垫、植物保护罩以及厨房用具等方面。另外有研究者提出将废旧膜元件进行机械研磨用作混凝土的填充材料。目前，膜元件结构拆借或者机械回收的废弃膜处置方法虽然能够在一定程度上实现了材料的回用，但拆解、回收过程需要消耗更多的资源，且也只能实现低端回用，其经济效益不佳，难以吸引膜制造和使用端企业投入力量开展拆解回用业务[18]。因此，需要加大膜拆解回收材料的高值化利用技术的研发，提高其回用的经济价值。

3. **膜产品原位再生回用**

相比于填埋、焚烧和膜组件拆解、回用等处置方式带来的资源浪费和环境危害等不利影响，基于非拆解的膜产品循环回用更加契合循环经济理念[19]。例如，反渗透海水淡化膜退役后可通过化学清洗去除表面污垢，直接应用于较低要求的苦咸水处理、海水预处理或废水浓缩等过程中，或被应用于膜系统的低产水要求工段[16，20]。也有研究者在对废弃膜进行清洗之后，进一步采用化学氧化法完全或部分降解废旧的高脱盐膜聚酰胺层，进而将其转化成纳滤、超滤或微滤等膜材料，用于海水预处理、市政污水的三级处理或废水的深度处理等[21-22]。由此可见，由于水处理各行业对水质要求存在差异，许多无法满足高标准水质处理要求的废弃膜在相对较低水质标准领域仍有利用价值[23]，具有高回收潜力。然而，目前我国关于废旧水处理膜再生利用仍处于黑箱状态，具体表现为：①废弃膜产品的废旧程度划分不清，是否以脱盐率和产水率作为主要指标进行判定？②废弃膜回收再利用方式缺乏明确的规范。因此，深入探寻废弃水处理膜的高值化、规范化的循环回用方式是水处理膜行业的迫切需求。

另一方面，现有研究对废弃水处理膜的再生技术仍局限于膜性能的部分修复和膜材料的降级适应。近年来，基于物理或化学方法的膜表面改性技术，用于修复废弃水处理膜表面性质和分离性能，实现废弃膜的直接循环利用正在引起学术界和工业的广泛关注，但基于废弃膜修复再生的实际工程应用则相对较少。因此，研发精准、可控的膜表面微结构原位修复关键技术，是实现有效有机膜回收再利用的重要途径。无论是直接回用、转化回用还是修复回用，清洗技术是废弃膜组件回收再利用的关键技术，因此对清洗技术和再造技术关键因素进行研究，充分结合模拟计算科学优势，开发高效、节能的离线或在线诊断与修复技术是实现废弃膜元件循环利用的关键。

二、水处理膜行业绿色低碳发展展望

水处理膜行业发展迅速，由此产生的废弃膜成为不可忽视的固废问题。在“双碳”目标下，基于传统线性经济模式的水处理膜行业发展必然受阻。因此，以循环经济为理念，遵循减量化、再利用、再循环三大原则，基于全生命周期管理开展“强化膜产品生态设计”“提高膜产品使用效率”“重视废弃膜产品循环再生”的全方位模式研究，是水处理膜行业在“双碳”背景下寻求绿色、可持续发展之路的关键。为此，建议积极开展水处理膜的源头减量、精深再造和循环利用的技术攻关，同时建立相应的技术规范和管理标准，促进水处理膜产业的绿色发展，具体包括如下几个方面：

（1）推进基于全生命周期管理理念的水处理膜行业发展模式，完善膜制造、使用和废弃膜再生的全产业链背景数据，加强规范化管理体系建设，促进增加水处理膜市场绿色、健康发展。

（2）增加源头技术和设计投入，减少后期经济投入和环境影响，促进膜产品生态设计，提升膜产品长期服役性能。

（3）做好废弃水处理膜回收再利用全生命周期的环节管控，包括回收方式、清洗、膜元件拆解、修复再造、再次利用等。

（4）废旧水处理膜循环再生技术涉及膜清洗、膜原位修复等多个环节，目前尚停留在实验室小试或中试水平，亟待突破。建议充分发挥材料科学、化学、计算机等多学科优势，通过“产、学、研”的合作模式促进技术研发和应用融合，提高技术攻关效率。

相信在膜制造、膜工程设计和膜使用企业，科研机构和管理部门等的共同努力下，通过全体膜从业者围绕膜产品全生命周期评价和控制，不断地创新技术和思路，一定能实现水处理膜行业的绿色低碳发展。

参考文献：

[1] CHEN X, ZHANG Z, LIU L, et al. RO applications in China：History，current status，and driving forces[J]. Desalination，2016（397）：185-193.

[2] GWI G W I. Desalination Markets, 2010.

[3] 国务院关于印发2030年前碳达峰行动方案的通知[R]. 中华人民共和国国务院公报，2021：48-58.

[4] 朱黎阳 . 大力发展循环经济 助力双碳目标实现 [J]. 中国经贸导刊，2021：28-29.

[5] 谢海云，孙力军，张文彬 . 可持续发展战略与循环经济 [J]. 昆明理工大学学报，2000：5-9.

[6] 王军，王文兴，刘金华，循环经济：可持续发展战略的新探索 [J]. 中国人口 · 资源与环境，2002：59-62.

[7] ISO. Environmental Management - Life Cycle Assessment - Principles and Framework：ISO/DIS 14040[S]. International Standard ISO，2006.

[8] JIANG S. LADEWIG BP, Green synthesis of polymeric membranes：Recent advances and future prospects[J]. Current Opinion in Green and Sustainable Chemistry，2020（21）：1-8.

[9] KANG G D, CAO Y M. Development of antifouling reverse osmosis membranes for water treatment：A review[J]. Water Research，2012（46）：584-600.

[10] 侯立安，张雅琴 . 海水淡化反渗透膜组件系统的研究现状 [J]. 水处理技术，2015（41）：21-25.

[11] 张雅琴，张林，侯立安 . 计算流体力学在水处理膜过程中的应用 [J]. 中国工程科学，2014（16）：47-52.

[12] MADAENI S S, SAMIEIRAD S. Chemical cleaning of reverse osmosis membrane fouled by wastewater[J]. Desalination，2010（257）：80-86.

[13] BELLA G D, GIUSTRA M G, FRENIG. Optimisation of coagulation/flocculation for pre-treatment of high strength and saline wastewater：Performance analysis with different coagulant doses[J]. Chemical Engineering Journal，2014（254）：283-292.

[14] JAMALY S, DARWISH N N, AHMED I, et al. A short review on reverse osmosis pretreatment technologies[J]. Desalination，2014（354）：30-38.

[15] CHEN J P, KIM S L, TING Y. Optimization of membrane physical and chemical cleaning by a statistically designed approach[J]. Journal of Membrane Science，2003（219）：27-45.

[16] LAWLER W, BRADFORD-HARTKE Z, CRAN MJ, et al. Towards new opportunities for reuse，recycling and disposal of used reverse osmosis membranes[J]. Desalination，2012（299）：103-112.

[17] LAWLER W, ALVAREZ-GAITAN J，LESLIE

G, et al. Comparative life cycle assessment of end-of-life options for reverse osmosis membranes[J]. Desalination, 2015（357）: 45-54.

[18] de PAULA EC, SANTOS AMARAL MC. Environmental and economic evaluation of end-of-life reverse osmosis membranes recycling by means of chemical conversion[J]. Journal of Cleaner Production, 2018（194）: 85-93.

[19] LANDABURU-AGUIRRE J, GARCIA-PACHECO R, Molina S, et al. Fouling prevention, preparing for re-use and membrane recycling. Towards circular economy in RO desalination[J]. Desalination, 2016（393）: 16-30.

[20] MOHAMEDOU E O, SUAREZ D B P, VINCE F, et al. New lives for old reverse osmosis（RO）membranes[J]. Desalination, 2010（253）: 62-70.

[21] 何灿，刘兆峰，马瑞，等. 废旧反渗透膜回用研究进展 [J]. 现代化工，2019（39）: 44-47，52.

[22] LAWLER W, ANTONY A, CRAN M, et al. Production and characterisation of UF membranes by

chemical conversion of used RO membranes[J]. Journal of Membrane Science，2013（447）：203-211.

[23] de PAULA E C, SANTOS AMARAL M C. Extending the life-cycle of reverse osmosis membranes：A review[J]. Waste Management & Research，2017（35）：456-470.

混凝土低碳化的技术路径

中国工程院院士　刘加平

人类活动所造成的气候变暖速度是2000年来前所未有的，仅就CO_2排放来说，从1900—2019年CO_2浓度的增加速率，是过去5600万年来最高增速的4倍。为避免全球气候变暖对人和地球的致命影响，《巴黎协定》中将全球平均气温上升控制在2℃以内，并努力限制在1.5℃。针对这一目标计算碳排放，到2030年碳排放要比2010年减少45%，并在2050年达到净零排放。中国CO_2排放力争于2030年前达到峰值，努力争取2060年前实现碳中和。如期实现碳达峰、碳中和目标，就要求我们必须极大地推动我国能源结构调整和产业结构变革。

全球范围内交通基础设施体量巨大，碳排放量占比高。《2021年全球建筑和建造业状况报告》中指出，2020年全球交通基础设施碳排放占总排放量的23%。

截至2021年底，我国现有公路桥梁96万余座，其中钢筋混凝土桥梁数量占比超过90%。《2021年交通运输行业发展统计公报》中显示交通建材隐含的碳排放量中，水泥占93.5%、钢材占3.6%、沥青占1.6%、沙砾1.2%。2020年我国水泥产量23.8亿吨，熟料产量15.8亿吨，生产过程排放CO_2 13.75亿吨，约占我国CO_2总排放量的13.4%。

我国钢筋混凝土使用量位居全球第一，占比全球一半以上，所以探索桥梁混凝土低碳发展新路径，是桥梁可持续发展的重大需求。

一、实现桥梁低碳发展，混凝土技术路径在哪？

混凝土材料低碳化是实现桥梁低碳、可持续发展的重要途径。

首先，从混凝土材料全寿命周期碳足迹计算上讲，要真正实现“三步走”的全生命周期闭环。第一步（起步阶段）“从摇篮到大门”，计算从原材料进厂、混凝土生产到混凝土出厂的碳足迹；第二步“从摇篮到坟墓”，即额外考虑混凝土结构的施工服役与拆除阶段的碳足迹；第三步“从摇篮到摇篮”，考虑混凝土材料再生回收的碳足迹。

我国斜拉桥、悬索桥虽取得了长足进步和突破，但在碳足迹计算方面，我国基础数据库仍处于起步阶段，现有的模型和数据库主要来自欧盟与美国，一些基础研究还是任重道远的。

此外，现有混凝土的碳足迹计算模型的边界主要为“从摇篮到大门”，若只考虑混凝土材料本身所产生的碳排放，并未考虑材料性能提升后，结构服役寿命延长、结构形式优化，以及新型低碳水泥、混凝土长期碳化等带来的减排效应，就好比“闭门造车”。

我们需要对现有模型进行扩充，从材料层次提升到结构层次，建立考虑结构性能与服役寿命的低碳混凝土碳足迹计算模型。然后，基于碳足迹计算模型及碳排放数据，结合关键技术突破，如钢筋混凝土高耐久化、混凝土高性能化、原材料低碳化和混凝土制品低能耗养护等技术手段来降低桥梁混凝土结构的总体碳排放。

二、钢筋混凝土高耐久化

如果钢筋混凝土服役寿命延长一倍，全国碳排放的比例将降低15.9%，其中混凝土占比11.3%、钢筋占比4.6%。目前我们采用“隔、阻、缓、延”技术体系来延长混凝土的服役寿命。

1.“隔”即在混凝土表面涂层封面

在桥梁领域主要为两个方面，其一是大气区，其二是水位变化区。大气区主要通过强渗透、耐老化、抗剥落的无机防护材料，渗透到混凝土表面或内部 7 ～ 10mm，使氯离子扩散系数降低约 78%、表面氯离子浓度降低 37%、碳化深度降低 60% 以上，从而达到透气不透水、阻隔有害介质侵入的效果，且整个服役过程不产生表面剥落。水位变化区主要通过抗冲磨技术解决海浪冲刷和干湿交替带来的腐蚀破坏。目前来说，聚脲是较好的耐腐蚀材料，其自身抗冲磨性能很好，但与混凝土变形不一致，往往会产生剥落。我们的技术能够将潮湿基面的附着力提高到 3MPa 以上，从而提升浪溅区混凝土抵抗冲磨和介质渗透能力。

2.“阻”即阻碍有害介质在混凝土中的传输

混凝土收缩开裂会导致渗透系数急剧加大，加速有害介质、空气与水分传输，加剧钢筋腐蚀，从而严重降低混凝土结构服役寿命。因此，需要针对不同服役环境、结构特征与材料特性“对症下药”，通过定向、高效降低混凝土不同阶段的多种收缩控制裂缝，实现刚性防水与结构同寿命。例如，常泰长江大桥中的高强大体积索塔，其混凝土开裂风险很大。因此，工程采用了水利大坝工程常用、在交通运输工程罕用的低热水泥，同时结合分阶段全过程收缩开裂抑制技术，降低开裂风险系数，保障混凝土结构的服役寿命。“阻”的另一方面，在沿海区域的结构混凝土中加入侵蚀抑制材料，提升混凝土抗介质渗透性能，从而提升结构服役寿命。

3.“缓”主要是控制钢筋临界氯离子浓度

我们利用有机杂原子聚合技术，多位点吸附钢筋阻锈材料，实现钢筋阻锈提升 3 ～ 5 倍，结构服役寿命超 100 年，目前，已突破 3.5% 以上高氯盐环境钢筋点蚀抑制难题。

4.“延”是钢筋发生锈蚀后进行无损修复，从而延长服役寿命

我们采用微乳液制备技术开发自迁移阻锈材料，涂刷在混凝土表层后通过毛细吸附快速渗透，定向迁移，并在钢筋表面形成吸附膜，隔离或竞争性取代钢筋表面吸附氯离子，实现钢筋混凝土的无损修复。钢筋阻锈与修复技术已在港珠澳大桥珠海口岸、深中通道六标承台、贵广高铁思贤窖特大桥等重大桥梁工程中得到了良好应用。

三、混凝土高性能化

混凝土高性能化是指通过提高混凝土的力学性能，减小结构断面、减轻构筑物自重，从而减少结构中水泥混凝土的用量，降低碳排放。我们的技术路径是从分子和微纳观层次，调控混凝土浆体、基体和界面过渡区的微结构，降低水泥用量的同时实现高强和高韧的统一。

首先，我们针对超高性能混凝土复杂材料组分分散问题，研发了超分散聚合物，减水率可达 50% 以上，进而在降低水泥用量的条件下维持强度和流动性，CO_2 直接排放可降低 34% 以上。

其次，通过纳米杂化材料，实现常温养护工艺下超高性能混凝土的超高强度、高弹模和低徐变，为轻质大跨混凝土结构的强度和刚度匹配提供技术基础。同时，采用链棒状聚合物和微细高强钢纤维增韧技术，含粗骨料超高性能混凝土抗拉强度突破 10MPa，拉伸应变提升 10 倍，实现了超高强与超高韧的统一。在结构实验中混凝土板弯曲跨中挠度可超 20cm，混凝土梁 1200 万次疲劳未开裂，显著提升了轻质大跨混凝土结构的抗裂和抗疲劳能力。

目前该项技术已成功应用于南京长江第五大桥工程中的粗骨料超高性能混凝土桥面板。南京长江第五大桥是世界首座轻型钢-UHPC结构斜拉桥，采用粗骨料超高性能混凝土桥面板后，其组合梁的用钢量减少20%，自重降低30%，减少CO_2直接排放约2.5万吨，满足节能减碳发展要求，并促进了桥梁结构体系轻量化创新。

此外，超高性能混凝土技术还应用于上海松浦公铁两用大桥改扩建工程。该工程采用粗骨料超高性能混凝土桥面板作为改扩建材料，在大桥下部结构不变的基础上，上部桥面由12m拓宽成24.5m，提升交通能力40%，延长桥梁使用年限50年以上，创新了既有桥梁维修加固新思路，节省造价约1.5亿元，减排效益显著。

后面我们还要做混凝土的超高强韧化。通过构建胶凝相键合强化—界面交联增韧—多尺度纤维分形韧化技术，突破了性能极限，显著提升钢筋与混凝土协同变形能力，突破现有配筋混凝土结构抗拉和韧性的基本设计理念。

四、水泥混凝土原材料低碳化

原材料的低碳化主要从水泥与熟料的生产上实现。

水泥熟料的碳排放主要来自于：①煅烧过程中碳酸盐的分解；②煅烧过程中燃料燃烧；③粉磨、冷却、运输过程中消耗的电能。因此，可以从提高水泥生产能效、使用可替代燃料、减少熟料用量、开发低碳胶凝材料、混凝土再生利用五个方面来降低水泥碳排放。

首先，随着新型干法水泥生产工艺的推广，我国在水泥生产能耗已经处于国际领先水平，达到 110kg/t，降低 CO_2 排放约 33kg/t.cl。

其次，目前全国已有 20 多个省份建成或正在推进建设水泥窑协同处置垃圾、污泥、危险废弃物等生产线 150 条，处置能力为 1266 万吨。每替代 1% 的化石燃料（约 1.1kgce），可以减排 $CO_2$2.49 ~ 2.58kg/t.cl。

再者，通过大量采用高炉矿渣、粉煤灰、钢渣等工业固废作为混合材，降低水泥中熟料的用量，每降低 1% 熟料，可降低 CO_2 排放量 8.5kg/t.cl。目前中国的熟料系数为 0.6 ~ 0.65，远低于国际平均值 0.78 与欧盟平均值 0.737。未来通过继续降低熟料系数至 0.55 左右，减排 $CO_2$80 ~ 85kg/t.cl。

新型低碳水泥同样具有一定减排潜力，笔者目前也参与到国际上较为热门的 LC3 水泥研究工作，并在国内镇江也建立了示范生产线和应用体系。

最后，再生混凝土的资源化利用同样是降低原材料碳排放的重要途径。再生混凝土可加工用作再生骨料和再生微粉，作为原材料再次使用，从而减少水泥用量，降低碳排放。

未来随着我国能源结构调整，基于煤电的传统矿物掺合料数量将急剧减少，我们需要高效利用富铝的工业固废，拓展硅铝酸盐胶凝体系，解决辅助胶凝材料的无材可用的问题。

五、混凝土制品低能耗制备

传统混凝土预制构件采用蒸汽养护来提高早期强度，加快磨具周转，但是蒸汽养护成本高、污染大、能耗与碳排放高。因此，我们通过开发系列早强功能材料，形成针对不同阶段的水化历程成套调控技术，加速硅酸盐水泥早期水化进程，促进混凝土早期强度快速发展，免去蒸汽养护。同时采用早强功能材料解决了传统技术降低流动性、后期强度和耐久性难题，显著提升混凝土制品的服役性能。以管桩混凝土为例，采用超早强技术可实现管桩泵送免压蒸生产，较传统技术降低生产能耗约

70%，直接减少单位产品碳排放 86kg/m^3。

六、未来我们要做什么？

全球水泥混凝土协会（GCCA）提出的《2050 气候愿景》中指出，自 1990 年以来，全球每吨水泥的 CO_2 排放量已经减少了 19.2%。未来，我们通过采用低碳水泥、可再生能源、碳捕集等变更性技术，进一步实现混凝土的碳中和。

实现混凝土碳中和的技术途径主要包括：①最大限度协同处置其他行业的废弃物，减少水泥生产中的化石原料排放；②利用再生能源，减少和消除间接能源排放；③减少水泥中的熟料及混凝土中水泥的用量，提高建筑物中混凝土的使用效率；④充分利用再生混凝土骨料；⑤大规模部署碳捕集技术来减少工艺流程的碳排放；⑥通过再碳化的方式提升既有混凝土建筑的 CO_2 吸收能力。

此外，希望通过创建低碳胶凝材料新体系，研发高强韧水泥基材料，减少钢筋混凝土用量，延长构筑物使用寿命；将人工智能与混凝土材料相结合，建立新一代混凝土的高通量大数据库，形成数据驱动的智能设计与精细制备方法，实现混凝土系统寻优与材尽其用；通过智能振捣、电激养护和微波养护等技术，实现混凝土材料高效赋能。

低碳混凝土，未来可期。

“双碳”背景下土木工程材料发展的思考

中国工程院院士　岳清瑞

气候变暖的严峻形势要求全球各国共同努力降低碳排放。“十三五”期间，中国应对气候变化工作取得了显著成效，对外承诺的到 2020 年目标；然而中国碳排放总量已升至首位，人均碳排放量虽然与美国等国家存在差距、位居第四，但整体呈上升趋势[1]，节能减排压力仍然巨大。习近平主席在七十五届联合国大会上向国际社会做出“二氧化碳排放力争于 2030 年前达到峰值，努力争取 2060 年前实现碳中和”的庄严承诺；“双碳”目标成为指导我国未来发展的重要战略方针。

随着中国城镇化进程的快速推进，大规模的增量建设如火如荼，建筑业成为最重要的碳排放部门之一[2-3]。根据中国建筑节能协会等统计的数据[4]，可以明确我国建筑业与土木工程材料碳排放的三个基本事实是：①建筑业全寿命期碳排放占我国碳排放总量的一半（或者是近一半）；②土木工程材料生产全过程碳排放占碳排放总量的四分之一；③土木工程材料生产全过程碳排放总量大于建筑运行阶段碳排放总量。因此，“双碳”目标的实现必须优先建筑全寿命期碳排放，仅仅重视建筑运行阶段碳减排是不够的，建筑业碳减排必须优先土木工程材料碳减排。

一、土木工程材料碳排放

提到建筑业节能减排，被广泛熟悉的是被动式建筑、零碳建筑等技术和政策；节能减排策略大多关注建筑运行阶段，对土木工程材料生产阶段往往重视不足、忽视了建筑全寿命期中占比最大的部分。研究团队对主要土木工程材料碳排放的数据进行了梳理，具体如下[①]：

金属材料，主要是钢铁和铝材。钢铁方面，中国钢铁工业协会统计我国钢铁行业每年碳排放总量约18亿吨，是31个制造业门类中碳排放量最大的行业。2020年中国钢材总产量达到了10.53亿吨，其中建筑用钢达到了5.3亿吨。铝材方面，中国有色金属工业协会公布数

① 数据统计口径不同

据显示铝行业2020年碳排放5.5亿吨、占有色金属行业总碳排放量的83%。建筑业作为铝行业最重要的下游行业，消耗了约30%铝材，因此估算建筑用铝碳排放达到了1.65亿吨。

非金属材料，除最主要的水泥外，石灰石膏、墙体材料、建筑卫生陶瓷、建筑玻璃等均是大宗土木工程材料。根据中国建筑材料联合会统计，2020年，土木工程用水泥、石灰石膏、玻璃碳排放分别为13.2亿吨、1.23亿吨、0.36亿吨，见表1。

表1　主要非金属建筑材料碳排放　　（单位：亿吨）

直接碳排放		间接碳排放	碳排放总量
水泥	12.3000	0.8955	13.2
玻璃	1.2000	0.0893	0.36
石灰石膏	0.2740	0.0314	1.23
建筑卫生陶瓷	0.3758	0.1444	0.19
墙体材料	0.1320	0.0612	0.52

粗略加总可得，土木工程用水泥、钢材、铝材、玻璃几种大宗材料生产阶段的碳排放接近25亿吨，占比全国碳排放总量的四分之一。因此，要实现“双碳”目标，土木工程材料领域的碳减排任务繁重，压力巨大。

二、土木工程材料减排路径

（一）土木工程材料全寿期的低碳转型

基于建筑全寿命期，土木工程材料减排路径可参考图 1 所示 8 个阶段进行：第一，在规划设计阶段，节材设计、规划选择高效能材料，源头减少材料消耗。第二，在施工和安装阶段，倡导使用标准化部品部件、发展装配式建筑，提升建筑工业化水平，减少能耗。第三，在材料生产阶段，优化工艺、设备，节约能源，做到低碳生产材料，生产低碳材料。第四，在材料运输阶段，要减少运输距离、减少加工环节，就地取材，使用地缘性或地域性材料。第五，在建筑运行阶段，科学运维，延长土木工程的使用寿命，从源头减少材料使用量、减少碳排放。第六，在建筑拆除阶段，绿色消纳，对拆除产生的废弃材料再生利用，构件循环利用。第七，在材料再生利用阶段，要成本经济、再生材料绿色化，不能为了再生而再生。第八，在材料研发中，关注功能性材料，研发相变储能材料，开发构件建造功能外的储能、产能功能，逐步实现材料—结构—功能一体化。

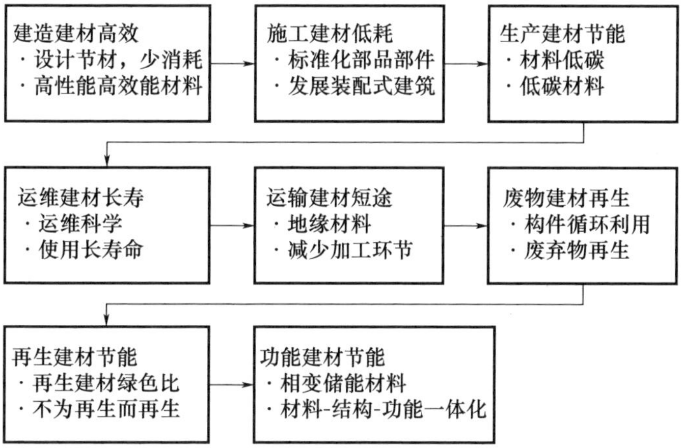

图 1　土木工程材料全寿期的低碳转型

（二）土木工程材料发展方向

立足于“双碳”目标，总结土木工程材料研发和应用的三个主要发展方向为：高性能高效能材料、地域性材料和循环利用材料。

1. 发展高性能高效能材料

通过提高材料品质，延长建筑服役寿命，实现源头减少碳排放。研发具有高耐久性、能够抗灾变和超限度使用的高性能材料，推广应用轻质、高强高韧、免维护和高效能利用的建筑材料，通过建筑材料的性能提升、高效利用和组合应用，打造高性能、低成本、长寿命的新型工程结构，实现建筑全寿期节能减排。

发展高性能高效能的结构钢材。应该提升结构钢材的性能，加大研发投入，调整化学组分、采用特殊生产冶炼工艺，提升钢材的强度、延性、韧性、可焊性、耐久性、抗撕裂性等性能并在工程实践中推广应用；应该提升结构钢材效能，利用大尺寸热轧H型钢、厚壁钢管等构件提高截面效率，减少制造加工中间环节。

加强纤维增强复合材料（以下简称为“纤维复材”）在土木工程领域的推广应用。纤维复材具有轻质高强、耐腐蚀、抗疲劳和可设计性等优点，已在结构加固补强领域得到广泛应用。纤维复材在新建建筑中的应用前景也在逐步扩大，如三亚体育场采用了碳纤维的平行板锁作为张拉结构。纤维复材有望作为新材料，满足超限度工程结构需求，实现工程结构全寿期高效服役。

2. 发展地域性材料

过去相当长时间里，土木工程对于地域性材料的重视程度不足。“就地取材”的地域性材料能大大节省建筑材料加工、运输的成本，促进过程碳减排。未来要深入探索地域性材料多重属性，例如：利用月壤在月球开展土木工程代表地域性材料的科技属性，是高挑战性又强前瞻性的；利用海水海砂混凝土进行南海岛礁建设、利用竹木材料在山区、地震区发展轻量竹木结构，验证了地域性材料的经济属性；利用冻渣骨料生产混凝土进行川藏铁路建设体现了地域性材料的生态属性；利用藏区片石进行九寨沟震后修复证明了地域性材料的文化属性。地域性材料为未来土木工程提供了更多的解决方案，将成为非常重要的一个发展方向。

3. 发展循环利用材料

应该发展循环利用的材料，如能将建筑垃圾、工业废弃物、弃渣弃土等循环利用，成为废渣混凝土、再生砌体、再生混凝土等，能大幅度降低成本、延长建筑原材料的使用寿命，实现末端碳减排。未来，随着技术的发展，如能将废弃材料循环利用、提升价值，产出新的高性能高效能材料，实现真正意义的“变废为宝”，将带来土木工程材料领域跨越式发展。

三、土木工程材料发展的挑战

面向“双碳”目标、新型城镇化等国家重大战略需求，需要正确认识土木工程材料下一步发展所面临的挑战。

（一）土木工程材料研究不足

首先，土木工程材料基础研究的深度不足，包括对材料组织构成，材料生产工艺装备、设计和应用等各个方面。土木工程材料相较于新材料领域的发展是落后的，且差距正逐步拉大。材料研发在土木工程中得不到应有的重视，基本处于“听天由命”的状态，仅基于已有材料研究结构，甚少从积极改善材料的角度去解决问题。形成鲜明对比的是，新材料领域已处于急速变革中，例如“计算—实验—数据”深度交叉融合、研发全过程协同创新的材料基因组计划。土木工程材料发展在理念和技术手段等方面处于落后位置，迫切需要奋起直追。

其次，土木工程材料研究的尺度与方法上存在不足。高性能新材料主要向两个方向发展，一是高纯度，如硅片；一是精确配比与工艺精密控制下的内部组织结构高规则性，如高温合金材料。而土木工程材料在“精度”和“规则性”两个方面都不符合。

再次，土木工程材料研发体系是不完整的。当前土木工程材料研究基本以水泥基材料为主，其他如钢材、纤维复材等基本没有。土木工程用钢占钢材总产量的一半，却鲜有专门研发的机构和专业人才团队。

最后，土木工程材料研究方面的欠缺导致了材料的不精、不细、不专。对材料研究的不重视、不深入，导致在土木工程计算分析中算不准、误差大，造成用材浪费和偷工减料；在结构构件上设计不精细、制造尺度偏差大，也造成安装的不精准。不精、不细、不专的土木工程材料使得建筑工业化难度大、进展缓慢，材料发展的滞后制约了建筑工业化进程。

（二）土木工程用钢材

土木工程用钢占粗钢产量近一半，其中棒线材占粗钢产量的40%以上，钢结构用钢占粗钢产量的9%。虽然土木工程对钢材用量很大，但专业研究严重缺乏，技术进展缓慢。目前基本没有土木工程用钢材的专业研究机构与团队，缺少对结构钢材的研究关注，有什么用什么、给什么用什么，缺少创新自主性；同时，国家对土木工程用钢材的研发投入也比较少。

工程应用中，土木工程用钢材品种品类偏少，主要停留在普通钢材上；相比国外，国内高性能钢材应用少、起步晚。

1. 高强度钢材起步晚，目前使用的钢材强度整体偏低

20 世纪 60 年代，日本首次将高强度钢材用于结构工程，随后带动欧洲、澳大利亚、美国、中国等地；中国起步于 20 世纪 80 年代，比日本晚 20 多年，应用强度相比国外偏低。根据中国钢结构协会统计数据，国内 80% 以上土木工程用钢材仍是较低强度的 Q235 和 Q345，而高强钢和高性能钢材的应用进展缓慢，亟待加强推广应用。

2. 耐候钢、耐火钢等应用不足、观念老旧

耐候钢免涂装，可以大幅度节约成本。美国在 1933 年就研制出了世界第一种耐候钢，并且很快将其应用在桥梁，目前美国约 50% 桥梁使用了耐候钢，其中 45% 桥梁已免涂装；日本约 20% 桥梁使用耐候钢，其中裸露桥梁占 70%；加拿大新建钢桥 90% 使用耐候钢；国外耐候钢正逐渐被当作“普通钢材”来使用。中国对耐候钢研究起步于 20 世纪 60 年代，品种开发较晚，到 21 世纪才逐渐丰富种类；国内耐候钢在土木工程领域已有所应用，但由于观念保守等问题，规模化应用的进程缓慢，相比于发达国家滞后近 50 年。耐火钢在 600℃时屈服强度不小于常温屈服强度的 2/3，国外研发始于 20 世纪 70 年代，目前日本较为领先；中国对耐火钢的研发起步较晚，首批研发耐火钢在1994年，应用于钢结构住宅；目前应用并不广泛。

3. 型钢应用占比偏低

土木工程用钢材仍以板材为主、占比持续超过60%，功效低、焊接量大，不符合可持续发展要求、不利于碳排放减排；而有利于减少焊接等生产环节的型钢应用占比偏低，如热轧型材应用比例在20%左右，近年来改观不明显。

工程应用中的另一方面挑战是钢材应用全过程配套性差，产业链协同不足。钢铁企业与下游单位缺少协同，标准化构件，尤其是轧制型材、高效钢材的应用进展缓慢。钢结构设计缺少集成化，“设计—制造—运输—安装”一体化和产业链协同不足，导致产品经济性和结构合理性问题；钢结构建筑部品部件生产企业缺少协同，产品规格不统一，不成体系。缺少有影响的专业化企业、具有全产业链服务能力的大型企业依然很少，行业集中度无明显改观，影响了效率、竞争力、技术与管理的进步等，企业缺少协同，互不共用。各环节专业人员不足，导致了产品品控不稳定、次品率高，影响应用、推广。

（三）混凝土材料

在混凝土材料研究方面，首先是研究分析仅到纳米与微米层级，实际应用只到微米层次，研究尺度无法达到材料科学重视的电子层次、原子和分子层次，深度不足。其次是研究尺度粗、制备精细化程度低，内部组织结构调控不足，超高性能效能难以实现。再有，地域性材料研究与应用少，如海水海砂混凝土、珊瑚混凝土；可重复与资源化利用低，如尾矿、工业废渣和建筑垃圾等在国内资源化率仅 10%，远不及德国和韩国 90% 以上的资源化率。

混凝土材料深入研究是非常必要的。外太空、海洋、深地、大型科学工程等特殊场景、重大工程需要精细精准的材料控制、“材料—结构—功能”一体化的发展等均需要混凝土材料研究提供基础支持。特殊环境的耐久性与开裂机理等工程化问题急需解决，需要混凝土材料深层次研究。混凝土材料的研究基础夯实，在实际应用的强大需求推动下，现有团队及其科研能力、工程材料精细化生产能力、可借鉴的新材料与传统材料研究实践经验等，都能保障进一步深入研究极高的可行性。

在混凝土材料应用方面，材料品质低、耐久性差等问题严重制约混凝土结构的发展。以南沙永兴岛各时期的防御工程为例，近年来新建成的建筑和基础设施与法国、日本数十年前的防御工事相比较，混凝土材料表现较差，开裂和内部钢筋锈蚀现象比较严重，暴露了混凝土材料技术、应用和管理等方面的问题。此外，面对未来人类深空、深地、深海工程应用的发展需求，混凝土材料能否经得住昼夜温差在 -190 ～ 137℃之间变化的极热极寒、抗陨石坠落速度高达 20 ～ 40m/s 的冲击震动、缺水及失重对拌和制备的影响等等的挑战，都是值得深入探讨、认真对待的问题。

（四）纤维复材

纤维复材具有不可替代的突出优势，比如材料性能优异，可具有超高的抗拉强度、超轻质量、高耐久性、高耐疲劳、低温度变形、低蠕变，再比如材料与应用场景适配性高，纤维复材品类丰富，强度和模量性能可设计，电阻率、导热率可调整，可针对应用目标、考虑服役环境等要素进行“定制”。

关于纤维复材，土木工程领域过去由于认识不充分，导致了对其性能“不耐热、不耐火、不耐湿”等误解。事实上，合理选择应用场景，充分发挥各种不同纤维复材的性能才是正确的应用方向，比如高强、轻质、耐腐蚀的碳纤维复材应用于大跨空间结构、海洋和滨海工程当中。所以，一定要从用“好材料”到“用好”材料。

在土木工程纤维复材的应用方面，要做到：①充分关注材料的配套性和系统性问题，并非简单替代。②充分关注新材料应用的基本性能研究问题，如可靠度、分项系数、环境系数、长期性能问题，以及连接性、可加工性、可回收性等。③正确认识成本问题，例如碳纤维是追求高性能再降低成本以适应土木工程需求，首要的是高性能；玻璃纤维和玄武岩纤维是在低成本的情况下达到一定的高性能，首要的是低成本，完全是两个技术方向。④充分关注对树脂的改性研究以提升纤维复材在土木工程应用的适用性，当前应用的树脂是通用的，缺乏从土木工程材料角度去改进，使得材料在有耐热、抗火等特殊要求时不能满足，应该从材料角度研发出更适合土木工程应用的树脂。⑤建立和完善多维表征的一致性指标体系，缺少多维表征的一致性技术指标、检测方法与体系，使得重大工程建造上无法一致性设计与运维。

在纤维复材土木工程应用方向上，要关注结构和功能性，考虑树脂服役性能和热加工性，利用多种工艺实现曲面、异型、大尺寸等结构；关注热塑性树脂基体自修复、可回收的特性。同时，要提高效能、降低成本，在大丝束纤维、粗直径纤维和热塑性树脂基复材加工工艺等方面继续提升，利用一体化成型工艺设备和机器人自动铺设促进“快速成型”工艺发展；面对发展机遇，提升复材制造与配套技术，显著降低成本非常关键。

四、结论

面对“双碳”目标，立足于土木工程材料发展，提出以下几点建议供讨论、参考。

第一，我国土木工程材料取得了很大进步，但距离“双碳”目标和可持续发展要求还远远不够，应继续不懈努力。

第二，今后土木工程的重大进展一定是基于土木工程材料的重大进步而取得的。换言之，如果土木工程材料不能够取得更大的进步，今后土木工程的重大进展是存在限制、比较困难的。

第三，土木工程界应该突破传统思维，重视、积极、主动开展土木工程材料研发和应用。

第四，土木工程材料发展的三个重点方向：高性能与高效能材料、地域性或者地缘性材料、材料可重复资源化的再利用。

第五，下一步发展的重点是“材料—结构”和“材料—结构—功能”一体化。

综上，从节能减碳的角度来讲，要开发利用高性能、高效能、高耐久的材料，做到材料节省，实现源头减碳；要开发利用地域性或者地缘性材料，就地取材，实现过程减碳；要强化材料的可重复与资源化再利用，对废弃的材料和垃圾循环利用，实现末端减碳。

参考文献：

[1]United Nations Environment Programme (UNEP).Emissions gap report 2020[R]. Nairobi：United Nations Environment Programme and UNEP DTU Partnership，2020

[2] 余碧莹，赵光普，安润颖 . 碳中和目标下中国碳排放路径研究 [J]. 北京理工大学学报（社会科学版），

2021，23（02）：17-24.

[3] 蔡博峰，曹丽斌，雷宇，等.中国碳中和目标下的二氧化碳排放路径[J].中国人口·资源与环境，2021，31（01）：7-14.

[4] 中国建筑节能协会.中国建筑能耗研究报告（2020）[R].2021.

矿山环境正效应研究是能源结构调整的重要途径

中国工程院院士　武　强

国家能源结构调整和消费占比变化，势必对国家资源和能源安全保障提出挑战。同时，矿业转型升级加快和废弃矿山数量持续增多，倒逼资源型城市转型和矿山环境保护与修复要走市场化道路。而正效应开发利用模式的研究为这些问题提供了可行的解决途径。

能源行业转型的核心是低碳能源对化石能源的替代。但是，能源结构调整将增加资源安全的风险，因此有必要在顶层设计层面，结合我国能源基础与社会经济状况，从能源消费格局演变、资源保障体系、能源替代技术等角度建立矿山环境保护与资源安全保障体系，耦合资源供应安全保障与正效应资源开发利用。基于矿山环境正效应开发利用模式，评估和利用矿山潜在的正效应资源和产品，如矿山地下空间开发利用潜力、残余水气热等资源、矿区光（风）电产能、储电能力、生态服务产品的碳汇能力、矿业文旅产业等，构建低碳清洁能源产业，在推进能源结构调整的同时保障能源安全和资源产业链稳定。

我国以矿业为主的资源型城市数量在我国所有地级市占比超40%，这些城市大都面临着资源枯竭、产业单一、人才流失等状况，急需转变城市产业结构。从负效应修复治理的角度看，生态环境改善是城市可持续发展的基础。而正效应的发掘对资源型城市的转型起关键作用，正效应开发利用模式从资源开发、能源利用、文化旅游、生态服务、碳汇市场等方面为资源型城市的多元化发展提供方向、落地技术和方法，有助于优化城镇、矿业、生态等方面的国土空间布局，建设“矿－农－城”的资源、经济、社会共同体，使矿业城市形成新的多元产业集群。

矿山环境效应的开发与修复是关乎能源结构转型和矿业城市升级的关键环节，两者均需要资本市场和相关政策为其提供强有力的保障。虽然正效应产出的生态、旅游、能源、资源等产品收益可观，但是从绿色循环经济的角度，其规划、建设、运行及非技术成本集中在开发利用初期，影响矿山企业内生动力。这些瓶颈问题的解决需要矿山环境正效应开发利用模式在实践中走市场化道路，坚持“谁修复治理、谁受益”和“谁开发、谁受益”原则，吸引市场各方资金以减轻财政和企业负担。此外，碳排放权交易市场、交易品种和方式的成熟将激励企业主动开发碳汇和低碳、清洁产品，以达到节能降耗、减少碳排放的目的。

在能源格局演变的形势下，矿山环境正效应研究与资源安全战略保障、城镇产业结构转型及市场化发展密切相关，是实现碳中和背景下能源结构调整的重要途径。在“矿山环境修复治理 3.0”阶段，坚持“人与自然和谐共生的美丽中国”理念，推进矿山环境开发式修复治理、以流域为单元的山、水、林、田、湖、草、沙系统化修复治理与开发利用，推动矿山环境正效应开发利用模式的示范与工程落地，以及数字化、智能化研究，将有助于实现我国在矿山环境修复治理与开发利用的“双赢”目标。

材料革命必然引起工程革命
——理想塑性材料（NPR 新材料）为南水北调工程保驾护航

中国科学院院士　何满潮

南水北调工程是世界上建设规模最大、供水规模最大、调水距离最长、受益人口最多的调水工程。引江补汉工程是南水北调中线后续水源，可提高汉江水资源调配能力、增加南水北调中线工程北调水量、提升中线工程供水保障能力，并为引汉济渭工程达到远期调水规模、向工程输水线路沿线地区城乡生活和工业补水创造条件。该工程是进一步完善南水北调“四横三纵”工程体系，加快构建国家水网主骨架和大动脉的重要标志性工程，意义重大。

引江补汉工程单洞长 194.3km，最大埋深 1182m，埋深超过 600m 的洞段占 50%。工程沿线褶皱断层发育，地层复杂多变，面临强岩爆、突泥涌水、大断裂、软岩变形、高地温、有害气体等多重风险挑战。深埋隧洞工程的灾变防控是保证引江补汉工程安全建设运营的关键。

一、工程破坏特性呼唤材料革命

复杂地质条件下，深埋隧洞的软岩大变形、岩爆等工程灾变给隧洞施工运营带来了巨大的影响，其致灾本质是隧洞围岩在“三高一扰动”的深部环境下发生的岩土体非线性大变形现象。锚杆是深部工程关键支护材料，可靠有效的深部锚杆支护材料是保证深部工程安全建设和健康运营的物质基础，但现有锚杆主要由泊松比效应（Poisson’s Ratio，简称 PR）的钢铁材料加工而成，即受拉时发生颈缩变形从而破断的小变形材料，因不能适应致灾岩体的大变形特性而导致功能失效，工程灾害频发。因此，研发能够忍受深部岩体大变形的控制材料，对于岩体大变形灾害控制至关重要，深部工程大变形的破坏特性也呼唤着大变形材料革命。

二、材料革命的标志是消灭颈缩

“理想塑性”材料是 1870 年法国力学家圣维南及 1913 年德国力学家米塞斯等科学家提出的概念。由于理想塑性材料具有忍受大变形而强度不下降的独特性质，对于解决小变形金属材料受拉破断而导致深埋隧洞围岩大变形灾害难题至关重要。2004年，我们提出了“理想塑性材料是一种具有NPR结构效应（负泊松比效应，即杆件受拉直径变粗）材料”的猜想，历经18年系统研究，完成了NPR锚杆/索新材料的研发，该材料具有高恒阻、大变形、防冲抗爆、超强吸能等超常特性，拉伸过程中屈服平台消失，断裂后无明显颈缩。

三、材料革命必然引起工程革命

以NPR材料为支撑，目前已经形成了一系列深部工程灾变防控技术体系。软岩大变形支护领域，基于NPR材料提出了高预应力开挖补偿法，能够使深埋隧洞开挖后其围岩应力得到及时补偿，实现软岩大变形支护的“强度耦合、刚度耦合和结构耦合”。岩爆支护领域提出了基于能量控制的NPR锚杆/索支护方法，基于能量设计和NPR锚杆/索防冲抗爆的力学性能，能够有效防治深埋隧洞的岩爆灾害，目前NPR锚杆/索新材料已被列入加拿大岩爆支护手册。此外，基于此新材料，发明了滑坡地质灾害监测预警系统、利用矿压自动成巷等系列技术，解决了一系列工程岩体大变形灾害控制难题。引江补汉工程于 2002 年 7 月 7 日顺利开工，标志着南水北调后续工程建设拉开了帷幕，国家水网建设迈出重要一步。NPR 新材料充分展示了工程建设中攻克关键技术难题的新理念、新思路和新实践，为确保引江补汉工程建设进度、质量及有效应对安全风险，保障引江补汉工程建设顺利实施提供了强有力的技术支撑。

南水北调关键技术突破
为世纪工程提供坚强保障

中国工程院院士　王　浩

南水北调是世界上规模最大、距离最长、受益人口最多、受益范围最广的调水工程，也是极端复杂的系统性工程，沟通了长江、淮河、黄河、海河四大流域，初步形成了我国“四横三纵”的国家水网框架，以及水资源南北调配、东西互济的配置格局，是中华民族的世纪创举。在工程建设过程中，克服诸多技术难题，创造多项世界之最。同时，新材料、新工艺、新专利不断涌现，为世纪工程提供了坚强保障。

南水北调混凝土施工中的浇筑、温度控制等工艺技术都是相当重要的，直接影响着施工质量及工程的经济高效、安全可靠。南水北调工程规模大，跨越的流域多，地质、环境等类型多样，其渠道过水面很大部分都是采用混凝土衬砌。混凝土施工的质量直接影响南水北调工程的质量。南水北调不同工程项目中混凝土施工中所遇到的难点和挑战不同，攻克、解决的方式也不同。

一、混凝土坝加高工程——控温键槽解决新老混凝土不均匀的热胀冷缩问题

南水北调中线工程的丹江口大坝加高工程是南水北调成功的关键工程之一，需要将20世纪60年代修建的丹江口大坝的表层进行拆除，在其上方浇筑新的混凝土，将大坝高度提升14.6m，这样丹江口水库的水面面积将增加至1022km^2，几乎与三峡库区的水面面积相当。然而，在一座已服役40多年的老坝上，通过重新浇筑混凝土，形成一座新老混凝土良好结合的安全大坝却并非易事。倘若新老混凝土因温度变化产生不均匀的热胀冷缩，使坝体间新老混凝土面形成裂缝，以至于不能联合承载，则后果便不堪设想。因此，除了严格控制混凝土的浇筑温度外，需要在大坝的老混凝土上切割出一道道键槽，并植入一根根钢筋，用以加强新老混凝土间的咬合和锚固。对于20个垂直伫立的闸墩，需要在其顶部植入共1000多根钢筋，使闸墩更加坚固。加高工程历时近8年，升级改造后的坝体变得更高更厚，使库容量能满足调水的需求，同时其水位高程可达到170m，比北京高出

一百余米，使来自丹江口水库的汩汩清水，不再需要泵站逐级提升，便能一路自流到达北京。

二、渡槽工程——优选材料、增加混凝土级配提高混凝土浇筑质量

南水北调中线工程沿途需穿越686条大小河流，为了确保输水水质安全，避免受到洪涝及沿途污染物的影响，需要建立27座各种大型渡槽。其中，在河南省境内，就有全长达11.9km的沙河渡槽，巨大的U形槽段重达1200t，每次吊装都相当于一次性起吊约1000辆轿车。面对如此巨大的质量，工程中放弃了吊装设备，转而采用大型造槽机现场完成混凝土浇筑。

沙河渡槽体形巨大，且为薄壁结构，其预制混凝土防渗、抗裂、抗冻等耐久性、稳定性要求甚为严格，渡槽施工工艺、方法、过程的严谨性、精确性、科学性要求极高，其施工难度与复杂性在国内外水利行业都尚属首例。比如通过采取在渡槽模板上开设布料及振捣窗口的方式，解决了内模的下圆弧模板隐蔽部位无法用插入式振捣器全面振捣的困难；为解决预制槽体过水面混凝土表面出现气泡、水泡，采用模板布提高反弧段混凝土

外观质量，并通过对模板布的粘贴幅宽、粘贴细节、模板布的加固等方面进行了改进等。

特别是在控制槽体混凝土浇筑质量上，一个关键的难点就在于如何将混凝土浇筑过程中产生的气泡排出，这对于薄壁混凝土施工可以说是一个“致命点”，气泡不能有效排除，势必影响槽体的强度和耐久性。在最初试验阶段，针对槽体质量暴露出的问题，进行了缜密的“故障诊断”。筛选产生问题的主要原因有：①小石粒形不佳产生影响；②胶材用量及砂率对混凝土工作性产生影响；③水泥及外加剂自身的化学成分产生影响；④施工工艺产生影响。

针对查找出的问题逐项加以解决。优选适用于现场材料的外加剂，提高混凝土的和易性、耐久性、流动性和工作度范围的黏聚性、保水性、凝结时间、坍落度经时损失；采用外掺料、粉煤灰、矿粉，以减少混凝土气泡的产生；选择优质的砂料提高混凝土的性能；增加混凝土级配，适当减少用水量和水泥用量，增加混凝土的密实度；采用天然纤维提高混凝土的抗裂性，增加密实度和耐久性。经过一个多月的试制生产，最终成功预制出首段成品渡槽，各项技术指标均满足设计要求。就这样一段接一段地筑造出世界上规模最大的U形渡槽。

三、穿黄工程——使用双层衬砌抵抗黄河水和土层压力、洞内水流的压力

南水北调中线工程还需要以倒虹吸的方式，在地表之下穿越道路或河流。其中，难度最高、规模最大的，便是穿越黄河的穿黄工程。穿黄方案有两种，一种是在黄河下面打隧洞，另一种是在黄河之上建渡槽。与渡槽方案相比，隧洞方案对河势影响相对较小，给河道的治理开发留有较大余地，可免受温度、冰冻、大风等不利因素影响。因此，经多次科学论证，最终选择了隧洞方案。这一方案考虑到隧洞外部黄河水和土层压力、洞内水流的压力等，穿黄工程实行的是双洞结构，隧洞均使用双层衬砌，这种复合衬砌形式是世界上首次应用，盾构施工输水隧洞没有可借鉴的工程实例，对施工设备和技术要求都特别高。

穿黄隧洞外衬为预制管片，随盾构掘进时拼装，内衬采用现浇法施工。内衬为C40.W12.F200预应力混凝土，厚45cm，采用后张法张拉，标准分段9.6m，预应力锚索间距40cm，每束锚索由12根预应力钢绞线集束而成。在管片安装以后，开始弹性防排水垫层敷设、内衬

混凝土浇筑、预应力张拉等工序。内衬施工空间小、工期紧张，而且表面为过流面，对混凝土浇筑质量要求很高。为此，开工前进行了穿黄隧洞衬砌仿真试验，对预应力张拉技术、内衬混凝土浇筑技术、防排水垫层敷设及防淤堵等都进行了研究，为正式施工提供了充分的技术保障；采用穿行式钢模台车，每个台车配备 3 套模板，保证内衬的施工进展。管片采用 C50.W8 预制混凝土，采用高精度钢模生产管片密封垫，断面采用齿形，并高出管片沟槽顶面 3 ～ 10mm。隧洞外衬拼装时，拼装缝两侧密封垫相互挤压紧密，达到止水目的。

四、修建 PCCP 管道工程——解决防污防渗、抗震耐久、少占地等问题

为了防止污染、减少占地，南水北调工程在北京市境内，主要采用修建 PCCP 管道来通水。PCCP 管是指预应力钢筒混凝土管，是在带钢筒的混凝土管芯上，缠绕预应力钢丝，并喷以水泥砂浆保护层而制成的。这是一种复合结构管材层层包裹的结构，令其防渗、抗震、可靠、耐久。

京石段惠南庄——大宁段 PCCP 管道工程，是继利

比亚“大人工河工程”后，国际上又一次大规模采用直径达4m的PCCP工程项目，而且如此超大口径的双排、大埋深管道工程，在国际上尚无先例。工程的难点在于管道口径大，如此大口径的管道从制造到安装在国内都属首次，需严格控制管道制造质量和安装精度；此外，管道体积大，运输难，其最大外径达4.852m，这样的尺寸根本无法通过天桥或者涵洞，为此，工程就近建设了制管厂并设计了专用运输道路；大口径也导致单管质量高达77t，吊装难度极大。虽然本工程存在众多难点，但由于PCCP管道的“5高”性能（高强度、高密封性、高耐久性、高抗渗性和高性价比），加上安装简单快捷，在工程建设之初已经率先启动了PCCP管道制造和安装科技方面的研究，使得国内PCCP管道工程技术取得新的突破。

多项科技研究成果获得了国家与省部级科技奖，如大型渠道混凝土机械化衬砌成型技术与设备获得国家科技进步二等奖；南水北调中线PCCP管道工程关键技术研究与应用获得北京市科学技术一等奖；超大口径PCCP管道结构安全与质量控制研究获得水利部大禹水利科学技术二等奖；超大口径PCCP成套生产技术及关键设备的应用开发获得中国建筑材料联合会·中国硅酸盐学会建筑材料科技进步二等奖。

新材料在南水北调工程上的成功应用也在一定程度上提升了工程质量。主要有如下方面。

1. 研发高渗透环氧树脂裂缝灌浆材料

利用接枝反应原理和互穿网络技术，在环氧树脂主链上引入憎水性长脂肪链，构建柔性聚氨酯与刚性环氧树脂的互穿网络结构，实现了有水、动水条件下有效固化；通过表面活性剂和偶联剂改性优化，提高材料浸润渗透性和黏结性；设计更为环保的活性稀释剂及固化剂体系取代一定毒性的糠醛 - 丙酮体系，由此研发出高强度、高浸润渗透性、高黏结性、可操作时间（精确可调）和环保性能优良的环氧树脂裂缝灌浆材料。该材料初始黏度低，在 6 ～ 20MPa · s 范围内可调，可灌性良好；可操作时间长，在 2 ～ 100h 范围内精确可控；表面张力为 35mN/m（1h），与岩体接触角低至 0°，渗透性强，可用于潮湿、高水头等灌浆工况；抗压强度为 60 ～ 80MPa，湿黏结强度大于 3MPa，与被灌体牢固结合且固化强度高，攻克了深层混凝土微细裂缝难以有效浸润渗透和有水环境下难以有效固结的技术难题。

2. 水免疫慢反应聚脲抗冲磨材料

采用聚碳酸酯醇类对异氰酸酯组分进行接枝改性，抑制⁻NCO基团与水的反应活性，降低水敏感性；通过分子结构调控，将氨基组分中伯胺重组为具有空间位阻的脂肪族仲胺，减小反应速度，延长固化时间，改善材料耐候性；采用纳米粒子复合改性，实现材料强度和韧性协同提升，由此研发出在潮湿和明水环境下具有高黏结强度的水免疫慢反应聚脲抗冲磨材料。该材料固含量达到95%以上，环保性能优异，可操作时间大于45min，经过2160h紫外辐照后与混凝土黏结强度仍高达4MPa，抗冻融性能大于F300，对强紫外、大温差等环境适应性强，耐候性优异，克服了传统芳香族聚脲无法在潮湿有水环境下使用、黏结性差、耐候性不佳的缺点。

3. 研发了新型防锈涂料

南干渠工程是北京市南水北调配套工程之一，南干渠贯穿丰台、大兴两区，起点为南水北调中线干线北京段永定河倒虹吸末端，终点为亦庄调节池，全长26.82km。南水进京之后，流入南干渠，通过分水口向郭公庄水厂和黄村水厂供水，再流入千家万户。南干渠管辖范围内共有4处分水口、40处排气阀井、5处排空井、3处管理设施等主要工程设施。

由于南干渠所有管线深埋地下，环境阴暗潮湿，导致供水钢管、排气阀、水泵、各类蝶阀、钢爬梯等金属设备表面锈蚀严重。为防止钢管强度削弱，以延长金属结构的使用寿命，2020 年技术人员寻找到一种更适合极端环境的双组分防腐材料，并对这种材料的配比、施工工艺进行了调整，在南干渠两处工作井内进行了试点。经过不断地调整“配方”，经历了一整个汛期的考验，试点取得成功。按以往的经验，除锈刷漆工作每年至少都要进行一次，但新材料的应用 2 ～ 3 年才需要进行一次。未来，这种新材料有望在南干渠的其他排气阀和排空井的供水钢管、排气阀、水泵、各类蝶阀、钢爬梯等金属设备上逐步应用。

科学开发新能源　控制地质环境效应

中国工程院院士　卢耀如

火，对人类而言，是很重要的发现，使原始人类的生活发生重大的变化，不仅改变了原始人类的生活方式，也带来了许多发明和创造。有了火，可冶炼金属，进入铜器时代、铁器时代……火，带来了火的文明，至今仍在延续。火，是怎么来的？欧美国家告诉人们，火是从自然界中的天火得来的。中国的科学认识告诉人们，可凿木取火。

自然界中，森林、雷电、火山、地下煤炭都会产生火。

国外钦佩中国古时就有“凿木取火”的科学道理，笔者认为火，是中国最早的科学认识。

一、化石能源之弊与温室效应气候变化之罪

一段时期以来，因燃烧煤炭化石能源而释放出 CO_2，造成温室效应，引起科学界、经济界及政界的共识。于

是，就有不少呼声，甚至在国际相关会议上呼吁，必须控制煤炭燃烧和 CO_2 排放，避免造成急剧升温，影响人类的生存环境。

但也存在争议，有人认为目前的温室效应，是欧美发达国家在发展中大量燃烧碳能源导致的，发达国家应帮助发展中国家建立有关措施，开发新能源，以减少 CO_2 排放。但有些人认为，发展中国家和发达国家应承担相同的义务。

2020 年 9 月 22 日，在第 75 届联合国大会上，习近平主席向国际社会做出庄严承诺，中国二氧化碳排放力争 2030 年前达到峰值、2060 年前实现碳中和。

中国展现了负责任大国的担当，展示出中国始终以人类命运为出发点。习近平总书记提出“人类命运共同体”的理念，我们要为之努力，带头扼制碳排放。同时，中国也很关怀贫穷国家的减排与能源问题。

二、中国能源现状与减少化石能源之路

中国古代知道凿木取火，燃烧树木枯枝以作燃料，可以熟食、取暖、照明，也可以作武器防卫，近代仍有在野外燃烧起火以防狼群的例子。

火，作为文明表现，早时也发现泥炭野火可用，进而发展了矿产开发与冶炼技术，湖北大冶就有三千多年前开采铜矿的坑道存在。1951 年，笔者作为清华大学地质系学生和一些同学去山西大同煤矿实习，当时有人告诉我们，对面山上冒烟，你们累了可坐下休息一会，但不要多停留，更不能睡觉。因为从岩石裂隙中冒出的烟，是地下煤层在自燃，冒出的烟可能是 CO，吸入时间久会中毒。在山西、新疆等煤炭多的地方，不少地下煤田产生自燃。后来，国家花大力气，专门治理煤田自燃现象。到了 21 世纪初，山西省呼吁对山西开采煤炭给予一些支持帮助。由于山西也是水资源不多的地区，仍是半干旱地区，采 1t 煤平均要消耗 2.5t 地下水，大量开采煤炭消耗水资源太多。山西虽然开采煤多，但送到外省较多，在本省作能源较少，因此 CO_2 排放少，造成污染相对较少。

近几年，我们的生态环保意识增强，强调贯彻生态文明建设，重视燃烧煤炭化石能源对环境造成的危害，各地都大力发展相对清洁能源，包括水电能、风能、潮汐能、光伏、核能、地热能等。截至 2019 年底，各种能源所占比例及发电量，见图 1。

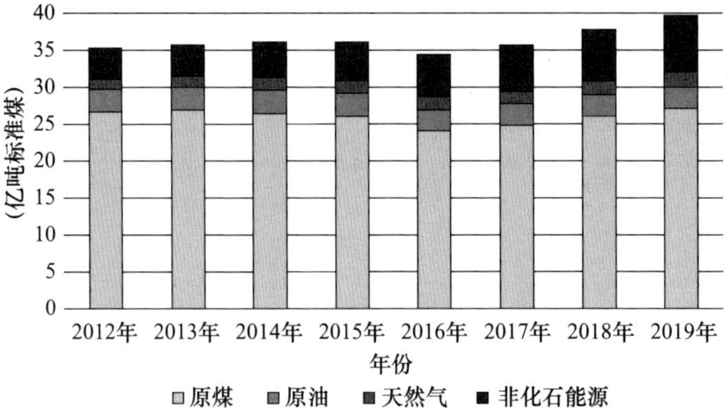

图 1　中国能源生产情况（2012—2019 年）

大量的煤炭开采，主要作为火力发电的能源。1t 煤燃烧后，产生 2.386tCO_2，空气中 CO_2 含量增多，就产生温室效应。在火电燃煤后的排放物中，如何聚集吸收 CO_2，是一个需要探索的课题。

自然界中，大气的 CO_2 含量不多。降雨后，雨水和 CO_2 相融成 HCO_3^- 离子，遇 Ca^{2+}、Mg^{2+} 离子形成 $Ca(HCO_3)_2$ 或 $Mg(HCO_3)_2$ 而溶于水中，排入海洋在海底形成石灰岩 $CaCO_3$ 和白云岩 $CaMg(CO_3)_2$，成岩过程中又排放出 CO_2。在陆地上洞穴中，含有 CO_2 的水体对石灰岩、白云岩产生溶蚀，似乎消耗了 CO_2，但流动一段距离，又形成各种钙化沉积，CO_2 又排放出来。植物光合作用，消耗产生 O_2。多年前，西部地区工业发展少，

CO_2排放少，被植物吸收。东部消耗煤炭能源多，CO_2无法完全吸收，生态为负状态。

三、地球自身演化的效应

地球上的各种能量，都与地球自身演化密切相关，本节主要讲两个方面的因素作用。

第一是地球构造运动的效力。地球自身的表层，用板块构造学说，是分几个大板块，板块的冲撞，造成上升隆起，相应也有沉降凹陷与断裂的发生。不同时期的地壳构造运动，对全球的气候条件有着密切的影响关系。

六千多万年以前，没有喜马拉雅山，更没有珠穆朗玛峰，而是和欧洲一些地区同属于特提斯海，喜马拉雅山地区有海相白垩纪碳酸盐岩海相地层（石灰岩等）沉积。目前这些石灰岩沉积地层，抬升在高山部位。早期四川是大湖盆，沉积了白垩纪红层（砂页岩），湖北地区也有大湖泊沉积了红层，在如今的长江三峡出口处有白垩纪沉积。河流流入西部的四川盆地和东部云梦泽湖，两河分水岭大约在巫山附近。那时，湖北以东是山丘，一些稍大的江河向东流入东海，但海水面在不断进退演化，四川盆地的水流向西南流入特提斯海，随着印度洋板块向欧亚板块俯冲，使斯特斯海逐渐缩小消失。同时，产生喜马拉雅山隆起，引起青藏高原隆起，大片陆地隆起，必定会发生断裂，又有昆仑山脉形成。

在 20 世纪 70 年代，喜马拉雅测得高程是 8848.13m，近期测出 8848.86m 高程。青藏高原作为中国地貌构造的第一台阶，有 3000m 以上山峰，其中 4000 ~ 5000m 居多。而后期没有剧烈抬升的云贵高原，高程在 1000 ~ 2500m 居多，这是第二个台阶地貌。四川盆地西部地势抬高，四川向西南排泄的江河就不再向西南流，巫山西侧河流分流至东西，青海发源的河流汇合四川盆地的河流向东越过三峡地区，形成长江。喜马拉雅山阻隔了印度洋的暖温气流，使青藏高原部分干旱，而在新疆大盆地和青藏高原间又有昆仑山阻隔，使新疆大片地区主要受来自西伯利亚的寒流影响，东南部的季风与暖湿气流也难到达新疆大盆地。天山又阻隔了南北疆，塔里木地区以干旱沙漠地带为主。

地壳构造运动密切影响了气候条件的变化。

第二是海平面的变化直接反映气候变化的效应。从新近纪（新第三纪）至中更新世气候与地质生态环境就有多期变化：第一急变期距今 320 万年至 250 万年，第二急变期距今 140 万年至 70 万年，第三急变期距今 70 万年至 15 万年。

晚更新世以来古气候与地质—生态环境变化：晚更新世冷期—暖期距今 15 万年至 7 万年，暖亚期距今 5 万年至 2.3 万年，冷亚期距今 2.3 万年至 1 万年。全新世中暖期距今 8500 年至 3000 年，全新世降温期距今 3000 年至现在。

这是气候变化，相应水流活动、植被等条件也发生变化。实际上，现在应当是再次进入升温时期。这是自然因素产生周期性变化，人为因素、温度效应仍是值得研究和警惕的。人类燃烧煤炭，排放 CO_2 造成的温室效应是不可忽视的。

在全新世中暖期时，海水面比现在高，浙江杭州西湖是海水，海水面可达灵隐寺的前沿，有海水中的化石为证，海水位达到镇江金山脚下。晚更新世末最后一个冷期时，海水面要比现在水面低一百多米，这在 20 世纪 30 年代时，林观得教授就有研究表明，海水面变化是气候表化的重要标志。

近 20 多年来，我国东海海平面上升了 12cm，数据需进一步监测研究。如果气候变化违背了自然变化的规律性，是要引起注意的，人为因素导致气候变暖，北极圈内冰雪加速融化，海平面上升，许多沿海城市就会受到影响。全新世以来海平面上涨的高度，相应的升温值是很惊人的，海平面上升 1 ~ 5m，相应升温 1℃（平均 3m 时）。这些数据只是概念性表明气候升温与海平面变化是密切相关的。

目前，从全球 CO_2 排放量上看，控制 CO_2 外放，减缓全球气温的急剧上升，控制北极的冰雪融化，对人类的生存环境极为重要。

气候平均温升与 CO_2 排放过多、温度效应有关，两者之间的内在关系及其规律性仍需进一步研究。

另一方面，世界很多气候反常现象，不仅是升温问题，还有反常的暴雨、风灾等气候灾害，这些现象产生的原因更需全球性合作与系统性研究。例如，2021 年 7 月 17—20 日河南省郑州三天降水量就相当于以往一年的降水量。

全球气候异常现象是多方面的，需要认真科学地对待。

四、地球外部因素的影响

地球是一个行星。与一些卫星的关系是最密切的，如月球。月球对地球的影响，主要是引力的作用，月球的引力，使地球内的水产生液体潮，也可使表面的地层，产生膨胀的固体潮。

地球有其自转，也有绕太阳的公转，使一年四季分明，气候也有一定变化规律，太阳对地球的影响，除四季分明之外，还有其他影响因素：

太阳辐射热，涉及影响的多个因素。平均温度，温度差数，平均降水量，地表径流深，地表径流系数，相对湿度，地形，景观高差。

太阳的黑子活动，对地球的地震、其他大地质灾害等的影响，已引起人类注意，但还需进行深入研究。

天然因素与人为因素的复合作用，还需深入探索。要研究温室效应，需了解人工温室效应的正反两个方面。概括于表 1。

表 1　人工温室效应

有利影响方面		有害影响方面
二氧化碳增加，温度升高，海平面上升	可能增大雨量；植被界限向北、向西推移；减少冻融、冰雪及风力灾害；增加水资源量；有利植物光合作用，增加生物资源量；有利改善广大干旱、半干旱地区地质生态环境，有利于发展该地区的大农业	直接淹没及危害滨海城镇、工矿与交通建设；改变河流侵蚀—沉积规律，加大河流沉积并向上游扩展沉积带；增加水流侵蚀灾害，诱发滑坡等地质灾害；增强岩溶作用，导致更多塌陷灾害发生；扩大海水入侵，增加对滨海地下淡水资源的破坏

我国各地的太阳辐射热等十大要素，评判综合值是不相同的，见表 2。表中是平均值，但目前很多气候反常，其要素评判值也发生了相应变化。

表 2　中国各大区环境（要素）特性评判系数值

	青藏高原Ⅰ	新疆—内蒙古Ⅱ	东北地区Ⅲ	华北地区Ⅳ	云贵高原—中南盆地Ⅴ	东南地区Ⅵ	台湾等岛屿及领海Ⅶ
年太阳辐射热 $A_1 \cdot X_1$	15.0	13.5	12.5	12.5	11.0	12.0	12.0

续表

	青藏高原Ⅰ	新疆—内蒙古Ⅱ	东北地区Ⅲ	华北地区Ⅳ	云贵高原—中南盆地Ⅴ	东南地区Ⅵ	台湾等岛屿及领海Ⅶ
年日照时间 $A_2 \cdot X_2$	14.0	15.0	13.0	12.0	8.5	9.0	11.0
年均温度 $A_3 \cdot X_3$	1	3	4	10	19	20	23
年温差 $A_4 \cdot X_4$	6	6	6	7	8	8	10
年均降水量 $A_5 \cdot X_5$	2.3	4.0	7.0	6.0	10.0	21.5	25.0
年均相对湿度 $A_6 \cdot X_6$	5	4	6	6	7	7	8
年地表径流深 $A_7 \cdot X_7$	0.1	0.05	0.1	0.1	8.5	13.5	18.0

续表

	青藏高原Ⅰ	新疆—内蒙古Ⅱ	东北地区Ⅲ	华北地区Ⅳ	云贵高原—中南盆地Ⅴ	东南地区Ⅵ	台湾等岛屿及领海Ⅶ
年地表及地下径流量 $A_8 \cdot X_8$	12	7	7	5	10	12	13
地形高程 $A_9 \cdot X_9$	6	6	8	8	8	10	9
地形 $A_{10} \cdot X_{10}$	8	12	16	16	18	20	12
总评判系数	69.4	70.55	79.6	82.6	108.0	132.3	141.0

在研究 CO_2 增加温室效应之外，如今航天技术发展、科技力量的发展，让人们可以考虑研究探索以下两个问题。

一是地球的周围星体，有哪些可能开采的物质可以用作新能源。原先是考虑月球中 He_2 可开采，从航天技术发展上看，寻找可开发的新能源物质应当不是幻想空谈。

二是在目前荒芜的小星体上，可否由人工开辟多个空间实验带，先有水和空气，再发展植物，创造生物活动的生存条件，这是人类的长远目标和研究方向，让地球可有移民的复活的星体。

五、能源开发需考虑对地球的效应

其一，目前提及最多的是开发煤炭能源，产生 CO_2 使温室效应升温。大量利用煤炭能源的发达国家，面对地球升温应当担起责任，提供技术与资金，帮助发展中国家开发能源，并合作治理当前气候效应。这是需要重视和解决的问题。

其二，水电能源开发，这是可再生能源，各国都在开发利用。事实上，开发水能源也会产生环境的效应，但相对而言，产生的效应还是比燃烧煤炭要少得多。需要注意的问题是大型水库蓄水后，增加蒸发水汽的运移，对局部地带的气候对流会产生影响。有人认为，三峡蓄水后，对西北干旱现象起到积极作用，气候湿润利于植被生长，利弊影响值得观察；同时，大型水库的集中荷载，加上大型城镇建筑的荷载，对地壳的应力带，可能产生长期效应，值得加强观察与研究。水库诱发的地震一般震级不高，在 2 ～ 3 级以下，但成串的大水库群，需加强监测研究。

其三，风能资源开发，地球上的风是气候的流动造成的，实际上是大气层中自动气流调整而产生。当风流动被阻隔，推动翅翼发电时，下游地带有的少了风力调配。气温持续升高也会影响下游的植被和农作物，风能的开发，偏重于沿海地带，相对效应会小些。

其四，太阳光伏能开发，大家都认为太阳能多，开发问题不大。在荒漠地带，大片开发太阳能加上其他措施（引水），可以对荒漠起改造功效，而在城镇人口集中地带，开发光伏能，产生的效应有待研究。例如，相比当地天然状态下，温度场的影响相对承受的太阳辐射热减少，转化成能量，造成温度场变化，对当地植被和生物多样性产生影响。

其五，地热能的开发。地热是由多种因素综合形成的。首先，地球的内外部都有热能的生成。地球在形成的数十亿年历史中，内部不断发生复杂的物理化学作用，产生物质的分解、化合，消耗热能也产生热能。另外，放射性物质的衰变，也产生热量。至于地球表面，不断受到太阳辐射，进而在地球内部，产生热的交替、汇聚与扩散作用以及地球内部热源的复合作用。但太阳辐射不是固定的，不同季节，地球上不同地点受的辐射热不同。地球内可供人类开发的地热能是很多的，但开发利用也要有度，不能集中于某些地点“竭泽而渔”。

开发地热有多种方式，一种是有地热流体提供热量，从中开发热能，另一种是有高温岩体，从中开发其热能，利用流体作为介质开发或者直接吸取其热能予以聚集开发。地热是可较好开发的清洁能源，但是开发地热能对地温场、渗流场、地应力场的长期效应，也是需要监测与深入研究的。地热能储量大，但仍需很好的科学研究与论证。

其六，核能的开发，目前甚嚣尘上，但安全问题需长期关注。最早苏联切尔诺贝利核电站事故，近日在日本核电站将大量含放射性物质的水体排放入海，有可能流向北极海域，后果严重。我国第三代核电站已问世，更安全、更先进。

目前人们对这些新能源认识仍不足，似乎这些新能源都是取之不尽的，也没太大的不良环境影响效应。但新能源开发应有限度，这个度就是不能盲目乐观地大量开发。必须做好预先研究，合理控制开发后的不良效应。

要科学地开发各种新能源，这与我国的高质量发展，有着极密切的关系。

因此，要强调的是，各种新能源、清洁新能源，都应当深入研究如何开发，开发的度在哪里，红线在哪里。做到事半功倍，不会因出现过多不良反应。同时，节能也是应当关注的科学发展的重要方向。新能源要综合开发，更要注意节能使用。针对化石、煤炭以及油气等不可再生能源，目标是节能减排。

要做到综合有度，开发清洁能源，注意环境效应；通过节能减少环境效应。

参考文献：

[1] 卢耀如 . 岩溶水文地质环境演化与工程效应研究 [M]. 北京：科学出版社，1999.

[2] 卢耀如 . 地质—生态环境与可持续发展 [M]. 南京：河海大学出版社，2003.

[3] 卢耀如，张凤娥 . 硫酸盐岩岩溶及硫酸盐岩与碳酸盐岩复合岩溶：发育机理与工程效应研究 [M]. 北京：高等教育出版社，2007.

建材生产和建筑运行的碳减排思路

中国工程院院士　金　涌

胡金岷

衣食住行是支撑人类社会生活的基本要素，建筑人居消费必然是刚性需求。据中国建筑节能协会建筑能耗与碳排放数据专业委员会发布的《中国建筑能耗与碳排放研究报告（2021）》统计，2019 年全国建筑全过程能耗总量为 22.33 亿吨标准煤，全国建筑全过程碳排放总量为 49.97 亿吨二氧化碳，占全国碳排放的比重为 49.97%。由此可见，建筑领域是我国主要碳排放来源之一，依靠技术创新推动建筑产品绿色化、低碳化发展，通过建筑全过程减碳，对实现碳中和意义重大。

《2021 年中国碳中和愿景下建筑行业市场现状分析》显示，全国建筑全寿命周期能耗总量中，建筑能耗占全国能源消费总量的比重为 46.5%。其中，建材生产阶段占建筑全寿命周期能耗的 51.3%，占全国能源消费总量的比重为 23.8%；建筑施工阶段占建筑全寿命周期能耗的 2.2%，占全国能源消费总量的比重为 1%。

根据 2020 年生态环境部发布的《省级二氧化碳排放达峰行动方案编制指南》统计，建筑运行阶段占建筑全寿命周期能耗的 46.6%，占全国能源消费总量的比重为 21.7%。

有鉴于建材生产及建筑运行是建筑全寿命周期两个主要耗能阶段，所以本文主要讨论建材生产及建筑运行的碳减排思路。

据《2022 年建筑行业发展前景分析（碳中和专题报告)》称，建材生产环节，水泥是碳排放的主要部分，水泥生产运输环节碳排放占比 41%。

水泥行业碳减排路径分析

水泥行业作为国民经济的重要基础产业，贡献了全球范围内碳排放总量的 7%。而我国每年生产全球近六成的水泥，水泥行业碳排放量也将近占全球水泥产业碳排放总量的一半。国内水泥行业碳减排形势严竣，任务艰巨。

技改和替代燃料是基础，碳捕集技术是未来。第一，燃料替代是优先考虑且具有成本效益的手段，到 2050 年可推动水泥行业约 10% 的碳减排。第二，优化调整水泥产品原材料结构，减少熟料用量。据专家测算，我国水泥中熟料系数为 0.678, 若降到 0.55，以出厂水泥计，碳排放可减少 18%。第三，通过节能减排技术的进步和推广应用实现碳减排目标。水泥企业可以通过不断改造生产线，提升能效，从而实现碳减排。相关研究结果显示，该路径从每吨熟料热耗、电耗方面，可帮助水泥行业降低约 20% 的碳排放。第四，开发碳捕集技术是具有潜力的碳减排技术路径。

随着碳捕集相关技术进步，其成本有望持续下降，经济性与有效性有望显现。综合利用以上方法，有望在 2030 年，水泥行业碳排放量降低 30%，预计将实现碳减排量 3.6 亿吨。

建筑人居产业减碳关键手段

建筑人居过程占建筑全寿命周期能耗的 46.6%，占全国能源消费总量的比重为 21.7%。要实现建筑运行阶段的碳达峰、碳中和，需从提升建筑节能水平，规模化推广可再生能源建筑应用，提高建筑“产能”能力，发展绿色能源供暖、制冷、炊事、照明、洗浴等技术，推广建筑全面电气化和固碳技术等方面着手。

据《中国建筑碳排现状、变化趋势与达峰路径》测算，到 2060 年不同技术措施可实现碳减排量分别为：建筑节能减排 3.3 亿吨 CO_2，建筑产能减排 2.99 亿吨 CO_2，建筑电气化与电力部门减排 4.5 亿吨 CO_2，CCUS 技术减排 4.2 亿吨 CO_2。

住房城乡建设部发布的《“十四五”建筑节能与绿色建筑发展规划》指出，到 2025 年，完成既有建筑节能改造面积 3.5 亿平方米以上，建设超低能耗、近零能耗建筑 0.5 亿平方米以上，全国新增建筑太阳能光伏装机容量 0.5 亿千瓦以上，地热能建筑应用面积 1 亿平方米以上，城镇建筑可再生能源替代率达到 8%，建筑能耗中电力消费比例超过 55%。

据测算，到 2025 年绿色建筑市场规模有望超 9 万亿元。综合使用以上碳减排方式，到 2060 年，建筑节能及电气化有望减排 7.8 亿吨 CO_2。

总之，建筑人居产业的减碳已成为我国实现“双碳”目标至为关键的一环。其中建材制造环节以水泥减碳为重心，而建筑运行阶段以推广绿色节能建筑及电气化为关键手段。据初步估算，建筑行业每年可以为碳中和贡献 10 亿～ 15 亿吨的 CO_2 减排量。CO_2 减排任务重、涉及面广，利用技术创新促进产业不断升级，真正把“绿色”融入建筑人居的全生命周期，才能创造巨大的经济和社会效益。

本文原载于《中国建材报》2022 年 11 月 21 日

大宗固废资源综合利用
承载绿色低碳发展新使命

中国工程院院士　马克俭

“十四五”时期，我国生态文明建设进入了以降碳为重点战略方向、推动减污降碳协同增效、促进经济社会发展全面绿色转型、实现生态环境质量改善由量变到质变的关键时期，其中工业固体废渣资源化利用是重要环节。建筑工程需要大量建筑材料，将制造磷酸产生的大量废渣转化的磷石膏和火力发电厂燃煤脱硫后的脱硫石膏应用在建筑工程中，有助于碳达峰碳中和目标的实现。长期以来这些工业副产石膏做成的砌块主要应用在建筑物的内部隔墙，其中磷石膏在目前小高层住宅建筑中应用最为广泛。

我国生产磷肥产生的磷石膏固废年排放量达8000万吨，火电厂湿法脱硫产生的脱硫石膏年排放量约1.3亿吨，此外还有生产钛白粉产生的钛石膏、生产柠檬酸产生的柠檬酸石膏、生产乳酸产生的乳酸石膏等。目前我国工业副产石膏总堆积量约有6亿吨。每年由于排放的工业副产石膏没有得到有效利用，企业需要投入大量的渣场建设资金和运行管理费用，占用了宝贵的土地资源，造成水、土、气复合污染突出，成为诱发环境和安全问题的主要因素之一，如何实现工业副产石膏的有效利用迫在眉睫。

石膏是建筑上优良的胶凝材料，碳排放量约为水泥的十分之一。石膏制品为二水石膏，经170℃低温煅烧即可成为半水石膏作为原料循环使用，不会产生建筑垃圾。石膏作为古老的建筑材料，有着安全、节能、绿色、不损害人类健康的优点。工业副产石膏综合利用对节约和替代原生资源，有效减少碳排放等具有显著的协同效应。

我国工业副产石膏研究起步较晚，系统研究开发石膏建筑材料始于20世纪70年代初。进入21世纪后，石膏建筑材料行业发展较快，特别是在2018年后，工业副产石膏作为建材发展开始突飞猛进，目前石膏行业超过80%的原料是工业副产石膏，以工业副产石膏作为原料生产的建材得到了社会的认可。但工业副产石膏成分复杂，在使用过程中也存在一些问题。这主要表现在两个方面：一是石膏建材生产者未考虑工业副产石膏本身的特性，而是按照使用天然石膏的方法去应用，造成石膏建材稳定性不佳和难以调控等问题；二是对工业副产石膏本身含有的“Cl^-”和“可溶性磷”等有害物质并未进行严格控制，导致石膏建材施工后出现泛白、霉变等问题。

为进一步推动工业副产石膏在石膏建材生产中的应用，保证石膏建材使用的稳定性和安全性，打消用户对这类材料“不敢用、不会用、不能用”的顾虑，应密切关注生产工艺的科学性并寻求降低能耗的途径。加强市场调研，做好基础研究，从产品工业设计、设备选型、生产控制和性能优化等方面入手，提高产品质量，规范产品质量控制和产品应用。

落实碳达峰碳中和目标，实现我国社会高质量发展，大宗固废资源综合利用作为绿色低碳发展的核心领域将承载新的使命。

本文原载于《中国建材报》2022 年 9 月 19 日

玻璃行业碳中和路径探究

中国工程院院士　彭　寿

建材行业是我国碳减排任务最重的行业之一，加速推进建材行业的节能降碳发展对我国“双碳”目标实现具有重要意义。作为建材行业的重要组成部分，我国玻璃工业坚持做绿色发展的实践者、先行者、创新者，在全行业的共同努力下，推动行业向薄型化、高透化、大型化、功能化“四化”发展，完成玻璃由传统建筑材料向信息显示、新能源、生命健康等领域用战略性材料的高端化转变。坚持践行绿色化发展理念，大力推进玻璃工业全氧燃烧、熔窑保温、高效除尘、脱硫脱硝、余热利用等节能降碳技术准备开发与应用，推进玻璃行业绿色化升级。

与 2000 年相比，我国玻璃行业的单位能耗和污染物排放水平降低 50% 以上，成功下线世界最大单片面积 1.92m^2 碲化镉发电玻璃，自主研发世界最高转换效率超 20% 的 300mm × 300mm 铜铟镓硒发电玻璃冠军组件，掀起发电玻璃 -BIPV 技术的能源技术变革，走出了我国玻璃行业高端化、绿色化发展新路径。

2022年为国际玻璃年，这是联合国首次以单一材料来命名年份，充分肯定了玻璃在低碳经济转型中的重要地位。面对日益高涨的构建人类绿色命运共同体全球共识，面对我国“三新一高”新要求、新特征，面对党的二十大带来的时代之变、政策之变、机遇之变，玻璃工业亟需坚持问题导向、需求导向、结果导向，围绕建材行业碳达峰总体目标，以高端化、绿色化、国际化为主线，进一步提升行业发展质量、发展效能、发展水平，确保如期实现碳达峰、加快实现碳中和。实施路径主要包括以下四条。

政策引领　推动产业向高端化迈进

绿色低碳发展是经济社会发展全面转型的复杂工程和长期任务，要先立后破、通盘谋划。玻璃行业要充分发挥政府有形之手和市场无形之手作用，围绕市场需求开展顶层设计，根据技术发展制定引领政策，完善产业政策支撑体系，对标国际、对标一流，顶层引领行业向高端化迈进。

政策体系重点工作一是重点鼓励气凝胶材料、发电玻璃、钙钛矿电池、储氢材料、智能调光玻璃等新型绿色材料的研发、制备、系统集成与应用推广，推动产品结构高端化升级，为“双碳”发展创新提供更多的玻璃新材料。

二是着力淘汰落后产能、严控新增产能、推进兼并重组，全面提升行业集约化、现代化水平，推进行业产能结构优化。

三是聚焦电子信息、新能源等玻璃行业应用新领域、新技术、新业态，通过专项支持、资金补贴、首应保险等形式引导玻璃向国家战略安全和重大工程装备领域拓展，研发新技术、转化新成果、培育专精特新企业，支撑产业发展体系不断完善，为行业可持续发展赋能。

创新驱动　推动产业向绿色化转型

创新是实现绿色低碳发展的“生命线”，玻璃行业高质量绿色低碳发展需要强化顶层设计，研究制定玻璃行业中长期碳达峰技术路线图，做好源头降碳、过程节碳、末端补碳三方面工作，强化科技创新指引，全面助力玻璃行业推动能源转型、促进低碳变革。

推动源头降碳，聚焦能源低碳化、原料低碳化，持续推进低含碳量清洁能源替代、大吨位电助熔、低碳原料替代等低碳节能技术开发与推广应用；推动过程节碳，持续推进玻璃熔窑全保温、全氧燃烧、低温熔化、配合料预热、低质余热利用等技术开发，加速微波熔化、气浮成型、短流程制造等新型技术研究与中试验证；推动末端补碳，重视 CCUS 等负碳技术应用推广，通过集中行业资源突破技术难点，打通技术堵点。

机制优化　推动绿色材料应用

以绿色材料的新应用为导向，以供需主体联动为路径，以政策标准完善为保障，建立跨部门、跨主体协调联动机制，创新形成政策、金融、生产要素三个维度聚焦，政府、企业、院校三类主体协同，合力推动行业低碳新技术应用的新机制。

重点开展 BIPV、CCUS+ 智慧农业等绿色场景应用普及，动态发布场景创新重大示范工程名单，探索场景导向的材料技术双向创新，助力构建零碳循环生态体系。在示范应用基础上，不断扩展绿色材料细分应用场景，积极摸索发电玻璃等绿色材料在建筑节能、公路、民航设施、绿色农业、国防军工等多个领域应用的个性化要求，有针对性地以行业标准形式，规范引导绿色材料科学使用。

全球布局　建立合作共赢发展新格局

借助“一带一路”“南南合作”等平台，主动对接产业链上下游企业，发挥各自优势，抱团出海，在境外政治经济风险较小、资源能源丰富、物流便利的地区发展玻璃工业，带动国内玻璃装备、技术出口，构建“双循环”新发展格局。

实现玻璃行业碳中和是一场广泛而深刻的系统性变革，涉及方方面面，必须强化战略思维、拓宽战略视野、做好战略设计，凝聚全行业的智慧与力量。“玻璃创造美好世界”，在碳中和大背景下赋予玻璃新生命，在不断降碳颠覆性创新突破中赋予玻璃行业发展新动能，为我国碳中和目标早日实现贡献玻璃行业的力量。

本文原载于《中国建材报》2022 年 11 月 28 日

从建筑木废料到生物质能的蜕变

俄罗斯自然科学院/俄罗斯工程院外籍院士　周建斌

在国家城镇化建设进程中，大量新建、改建工程及拆除工程不可避免地产生了数以亿吨计的建筑废弃物。建筑木废料是建筑废弃物的重要组成部分，也是城市木废料的主要组成部分，约占建筑固体废弃物总量（我国建筑固体废弃物年产生量超30亿吨）的9%。

建筑木废料、废家具、园林绿化枝桠材等城市木废料主要由木质素、纤维素及半纤维素组成，是良好的生物质资源，可收集量不可小觑。随着国家“双碳”目标的提出，实现建筑/城市木废料处置方式的创新，行之有效地加以利用，是推动可持续发展、助力实现生态文明建设的重要策略。建筑木废料资源化利用被赋予了特殊意义，成为建筑领域减少碳排放的重要抓手。

生物质固碳气化多联产技术让固废蜕变

建筑/城市木废料通过压缩成型、热化学或生物技术可转化为固体、气体及液体形态，其中气化固碳多联产技术因其热效率高，并能将生物质“吃干榨净”，做到物尽其用，被认为是最有前途的生物质转化及利用技术之一，兼具良好的社会、经济和生态效益。

南京林业大学材料科学与工程学院生物质气化多联产工程研究中心技术团队2002年在国内外首创研发了一种生物质固碳气化多联产技术。该技术是在不需要外加能源，也不需要添加任何化学药品、助剂、添加剂等条件下，发生热分解反应，将生物质中的纤维素、半纤维素、木质素大分子分解成小分子的可燃气、生物质炭和生物质液。生物质可燃气可以替代煤炭或天然气用来发电，也可为工业园区、企业、城镇居民住所或大棚等供热。生物质炭根据原料不同，分为木/竹炭、果壳炭、稻壳炭、秸秆炭等，木/竹炭及果壳炭可制备活性炭、机制烧烤炭、工业用炭。秸秆类的炭由于其灰分含量高，适合作炭基复合肥或替代煤炭作清洁燃料。生物质液含有酸类、醇类、酯类、醛类、酮类、酚类等多种化学成分，可用来生产液体肥，由于植物源液来自于作物，吸收迅速、抗病增产，因此生物质提取液既有肥效又有药效，达到了天然的药肥一体化效果。

减排效益显著

以生物质固碳气化清洁供暖联产炭为例，建筑木废料经固碳气化联产气化炭反应，50.31% 的生物质能转化为可燃气，35.38% 的能量储存于气化炭中，而 15.31% 为热量损失。由此产生的热燃气经锅炉燃烧进行绿色供热（按回水温度 50℃，60℃出水）后，其总能量流为：42.76% 用于供热，35.38% 储存于气化炭中，21.83% 为总热量损失。

减排固碳效果可从三方面进行评估：1.0t 建筑木废料（C 元素含量为 46.87%）在生长过程中从环境中约吸收 1.72t 的 CO_2，产生的可燃气替代约 0.5t 标准煤，约减排 1.34t 的 CO_2。将建筑木废料气化后，生物质可燃气通过燃烧产生约 1.10t 的 CO_2，被释放到大气中，而约 0.17t 的 C 元素最终转化为 0.2t 的建筑木废料气化炭。因此，每 1.0t 建筑木废料经气化绿色供热联产炭后，空气中就有 0.62t 的 CO_2 被固定在固体炭中，总减排固碳约 3.58t，使系统成为 CO_2 的吸收器，实现供热的负排放。

解决进口天然气“卡脖子”问题

以北京市为例，其城市木废料 300 多万 t/a，市周边的果木废料约300万t/a。通过固碳气化多联产技术可满足90亿m^3天然气（每年北京的供暖需要约80亿m^3的天然气）供热要求，并得到120万t生物质炭，固定300万tCO_2。这对解决北京依赖进口天然气的“卡脖子”问题、实现北京的零碳供热具有重要意义。

建筑木废料要做到资源化、高值化利用，应统筹建筑木废料产生、收运、处置、利用等环节，结合建筑木废料的特点，使用并构建全产业链的建筑木废料气化固碳多联产技术，实现“物尽其用、物尽多用”，打破传统固废利用技术的单一转化。

实现建筑木废料的“负排放”，可加快构建绿色低碳的经济体系，助力“双碳”目标早日实现。建筑废木料固碳气化多联产技术是绿色、循环、高值化的固废综合利用技术，是提升能源利用率、促进建筑工业节能减排的良好技术路径，对行业的产能置换、转型有着示范引领作用。

生物质是国际公认的零碳能源，是唯一含碳、稳定、清洁的可再生能源，希望有关部门加以重视。

本文原载于《中国建材报》2023年5月29日